BIBLIOTHÈQUE
PHILOSOPHIE CONTEMPORAINE

LE CHAOS

ET

L'HARMONIE UNIVERSELLE

PAR

FÉLIX LE DANTEC

Chargé du cours de Biologie générale
à la Sorbonne.

> Les choses sont comme elles sont
> et non autrement.

PARIS
LIBRAIRIE FÉLIX ALCAN
MAISONS FÉLIX ALCAN ET GUILLAUMIN RÉUNIES
108, BOULEVARD SAINT-GERMAIN, 108

LE CHAOS
ET
L'HARMONIE UNIVERSELLE

DU MÊME AUTEUR

LIBRAIRIE FÉLIX ALCAN

Théorie nouvelle de la vie. 1 vol in-8° de la *Bibliothèque scientifique internationale*. 4ᵉ édition, 1908, cartonné. . . . . 6 fr. »

Le déterminisme biologique de la personnalité consciente. 3ᵉ édition, 1 vol. in-12 de la *Bibliothèque de philosophie contemporaine*, 1908. . . . . 2 fr. 50

L'individualité et l'erreur individualiste. 3ᵉ édition. 1 vol. in-12 de la *Bibliothèque de philosophie contemporaine*, 1911. . . 2 fr. 50

L'évolution individuelle et l'hérédité. 1 vol. in-8° de la *Bibliothèque scientifique internationale*, 1898, cartonné. . . . . . . 6 fr. »

Lamarckiens et Darwiniens. Discussion de quelques théories sur la formation des espèces. 3ᵉ édition. 1 vol. in-12 de la *Bibliothèque de philosophie contemporaine*, 1908. . . . . 2 fr. 50

L'unité dans l'être vivant. Essai d'une biologie chimique. 1 vol. in-8° de la *Bibliothèque de philosophie contemporaine*, 1902. . 7 fr. 50

Les limites du connaissable. La vie et les phénomènes naturels. 3ᵉ édition. 1 vol. in-8° de la *Bibliothèque de philosophie contemporaine*, 1908. . . . . 3 fr. 75

Traité de biologie. 2ᵉ édition. 1 fort vol. grand in-8°, avec 101 figures, 1906. 15 fr. »

Les lois naturelles. Réflexions d'un biologiste sur les sciences. 1 vol. in-8 de la *Bibliothèque scientifique internationale*, 1904, cart. 6 fr. »

Introduction à la pathologie générale. 1 fort volume grand in-8° 1906. 15 fr. »

Éléments de philosophie biologique. 3ᵉ édition. 1 vol. in-16 de la *Nouvelle collection scientifique*, 1911. . . . . 3 fr. 50

La crise du transformisme. 2ᵉ édition. 1 vol. in-16 de la *Nouvelle collection scientifique*, 1910. . . . . 3 fr. 50

La stabilité de la vie. Étude énergétique de l'évolution des espèces. 1 volume in-8° de la *Bibliothèque scientifique internationale*, 1910, cartonné. . . . . 6 fr. »

Le conflit. Entretiens philosophiques. 1 vol. in-12, Armand Colin, 1901, 5ᵉ édition. . . . . 3 fr. 50

Les influences ancestrales. 1 vol. in-12 (*Bibliothèque de philosophie scientifique*, Flammarion). 6ᵉ édition. . . . . 3 fr. 50

La lutte universelle. id., id. . . 5ᵉ édition. . . . 3 fr. 50

L'athéisme, . . . id., id. . . 5ᵉ édition. . . . 3 fr. 50

De l'homme à la science. id. . . 3ᵉ édition. . . . 3 fr. 50

Science et conscience. id. . . 3ᵉ édition. . . . 3 fr. 50

L'Égoïsme, seule base des sociétés. *Étude des déformations résultant de la vie en commun.* . . id. . . . . (sous presse.)

LE CHAOS

ET

L'HARMONIE UNIVERSELLE

PAR

FÉLIX LE DANTEC
Chargé du cours de Biologie générale
à la Sorbonne.

*Les choses sont comme elles son
et non autrement.*

PARIS
LIBRAIRIE FÉLIX ALCAN
MAISONS FÉLIX ALCAN ET GUILLAUMIN RÉUNIES
108, BOULEVARD SAINT-GERMAIN, 108
—
1911
Tous droits de traduction et de reproduction réservés.

LE CHAOS
ET L'HARMONIE UNIVERSELLE

CHAPITRE PREMIER

ÉCHELLES ET HARMONIE

§ 1.

L'ÉCHELLE HUMAINE

Quand j'ai passé quelques minutes devant un des tableaux les plus célèbres du Louvre, devant un de ces chefs-d'œuvre dont la perte serait irréparable, et qui sont les joyaux du patrimoine artistique de l'humanité, je suis souvent envahi par des pensées qui coupent les ailes à mon admiration, et me font retomber bien vite dans les bas-fonds de la science positive. Si ce qui se passe dans mon esprit pouvait alors se lire sur mon visage, je serais sans doute un objet de pitié, peut-être de mépris, pour les visiteurs que je coudoie et qui, doués vraisemblablement d'un sens artistique qui me manque, sont susceptibles de ressentir devant la Joconde ou la Laura de Dianti un enthousiasme pur de tout mélange.

Et si je m'examine bien, je constate que la même tare psychologique se manifeste aussi chez moi quand je me prends à réfléchir après avoir éprouvé une émotion violente au spectacle d'une belle action, d'un trait rare d'héroïsme ou de vertu. Les études biologiques qui ont rempli ma vie m'ont désarmé de la même manière, vis-à-vis des enthousiasmes métaphysiques et vis-à-vis des enthousiasmes artistiques. Qu'il s'agisse d'une œuvre d'art ou d'un acte sublime, mon admiration instinctive ne résiste pas, quelque violente qu'elle ait été de prime abord, au froid examen que m'imposent fatalement bientôt mes habitudes de scientiste impénitent. Il est certain qu'un tel résultat n'est pas engageant; l'aveu que j'en fais ici ne poussera pas beaucoup de monde vers l'étude de la biologie; je vais pourtant essayer de faire comprendre les raisonnements qui s'imposent à moi quand je m'arrête devant une œuvre de Raphaël ou de Rembrandt.

Les amateurs d'art ont vivement protesté quand l'administration des musées de l'État a mis sous verre les plus précieux des tableaux conservés au Louvre. Cette mesure protectrice a rendu plus difficile l'observation déjà malaisée des toiles les plus admirables

Une peinture est faite pour être vue ; si elle doit se détruire sous l'influence des agents atmosphériques au bout de quelques siècles d'exposition à la lumière, il vaut mieux cependant qu'elle soit *vue* pendant quatre cents ans que de se conserver deux mille ans dans une caisse obscure. Un Botticcelli dans une caisse n'a pas plus d'intérêt qu'une toile neuve.

Aujourd'hui, pour regarder un tableau garanti par une lame de verre, il faut choisir soigneusement le point d'où on le regarde ; encore arrive-t-on difficilement à trouver une incidence sous laquelle on ne soit pas gêné par les reflets des objets environnants. Avant que l'administration eût fait mettre des vitres devant les chefs-d'œuvre, l'observation, plus aisée qu'aujourd'hui, présentait cependant certaines difficultés que l'état actuel des choses ne fait que souligner en les aggravant. Il fallait se placer en des endroits bien déterminés pour éviter les jeux de lumière sur le vernis ; il était nécessaire aussi de se mettre à une distance convenable de la toile, et de ne pas la regarder trop obliquement sous peine de raccourcis déformants. En un mot, ce que les plus grands peintres ont réalisé en créant les chefs-d'œuvre dont l'humanité s'enorgueillit, c'est un peu d'illusion pour un observateur placé à un endroit déterminé d'une salle éclairée par une lumière convenable. Voilà certainement des remarques bien mesquines ; elles feront sourire de pitié les amateurs enthousiastes qui se précipitent chaque année vers les salons de peinture, et n'ont jamais songé à observer la splendeur d'un insecte courant sur un brin d'herbe. Et cependant, un des plus grands maîtres dans l'art de peindre, Léonard de Vinci, a écrit cette sentence dans laquelle les artistes doivent trouver une leçon d'humilité : « Entre l'œuvre humaine et l'œuvre naturelle, il y a la même proportion que de l'homme à Dieu ». Je me retranche derrière l'autorité de cet artiste philosophe pour continuer des observations qui me feront mépriser de bien des gens.

Qu'est-ce qu'un tableau ? C'est une toile tendue, sur laquelle un artiste a étalé des quantités variables de bouillies coloriées, de manière à donner à un observateur humain se tenant à une place déterminée, dans une pièce convenablement éclairée, l'illusion d'un paysage ou d'un portrait. Mais sauf pour cet observateur humain, regardant dans certaines conditions, cet étalage de pâtes variées ne présente aucun intérêt. La fourmi qui se promène sur le visage de la Joconde, le ver qui en ronge la trame, remarquent simplement le goût ou l'odeur des substances employées par le peintre, et n'ont aucune notion des traits de Monna Lisa. Cela est encore plus certain pour les microbes qui, beaucoup plus petits que les fourmis, vivent péniblement à la surface ou dans l'intérieur de ces masses de peinture peu alimentaire. L'homme, par des procédés scientifiques, observation à la loupe, observation au microscope, analyse chimique, etc., peut arriver à connaître, plus ou moins parfaitement, un aspect au moins des accidents naturels qui frappent la fourmi ou le microbe égarés sur une toile de maître ; il peut se placer dans des conditions telles que son étude le renseigne sur les phénomènes naturels envisagés à l'échelle du microbe ou à l'échelle de la fourmi. Et quand je parlais tout à l'heure des impressions d'une fourmi arpentant une toile de Léonard, je pensais simplement à ce que verrait un homme, se plaçant, pour observer, dans des conditions aussi voisines que possible de celles où se trouve fatalement l'insecte réduit à ses seules ressources spécifiques.

Tout ce long préliminaire avait donc pour seul objet d'introduire d'emblée le lecteur au sein de cette *question d'échelle* dont j'ai déjà si souvent signalé la grande importance philosophique. Un phénomène quelconque, susceptible d'être observé par l'homme, se manifeste sous des aspects entièrement différents suivant *l'échelle* à laquelle il est étudié. Voici trois tas de sable sur le quai ; on obtiendra des résultats qui n'auront *aucun rapport* entre eux suivant qu'on étudiera le nombre et la forme des tas de sable, le nombre et la forme des grains de sable composant les tas, le nombre et les propriétés des atomes composant les grains.

Toutes les œuvres des hommes, que ce soient des œuvres d'art comme la Vierge à la chaise, la Vénus de Milo ou le Parthénon, que ce soient des ouvrages ayant pour but l'augmentation du confortable de la vie, comme les routes, les maisons, les vêtements, les machines agricoles ou industrielles, n'ont de signification qu'à l'échelle de l'homme; si on les étudie à une échelle plus petite, on y trouve des éléments et des accidents qui n'ont *aucun rapport, aucun lien* avec le rôle utile ou agréable de ces œuvres créées à l'usage de l'homme. Dans la Vénus de Milo, on trouvera les éléments du marbre qui ne sont aucunement en relation avec la beauté de la Déesse; dans le bois d'une porte, l'agencement merveilleux des fibres ligneuses est indépendant du fonctionnement de la porte; dans la bielle d'une locomotive, une foule de petits cristaux d'acier sont en voie de changement perpétuel, et leurs variations n'ont aucun rapport avec le jeu même de la machine à vapeur.

Ainsi nous vivons dans un monde que nous avons arrangé à notre taille, à notre mesure, pour notre commodité de chaque jour, mais l'harmonie que nous constatons dans nos œuvres n'est qu'une apparence liée à l'échelle particulière qui résulte de notre nature d'homme. Les endroits où nous sommes réunis en grand nombre, et que nous appelons les villes, ne possèdent pour ainsi dire plus d'éléments naturels non modifiés. Nous y marchons entre des maisons construites pour nous servir de demeures, sur des rues garnies de pavés de grès ou de bois et parcourues de rails sur lesquels circulent des tramways. Tout cela est admirablement ordonné par nous, à notre usage. Mais, plaçons-nous à l'échelle atomique, ou même simplement à l'échelle cellulaire, quel chaos indescriptible ! Un observateur qui ne pourrait connaître le monde à une autre échelle ne trouverait dans ce magma de molécules vibrantes, dans cet enchevêtrement de cristaux et de fibres, aucune loi, aucun plan compréhensible. Ici les éléments du granit voisinent avec le mortier à structure amorphe, là les cellules bien dessinées d'un morceau de bois sont noyées dans une masse de plâtre informe. A l'échelle atomique, rien que des milliards et des milliards de molécules animées de mouvements incessants ; au-dessus de tout cela, à l'échelle de l'homme, une apparence d'harmonie parfaite, une ville superbe, aux palais grandioses, aux rues géométriquement dessinées, aux machines fonctionnant avec une rigueur merveilleuse !

Les œuvres de l'homme n'ont de valeur que pour l'homme. Une fourmi n'admire pas le Louvre et se trouve plus à l'aise dans les champs incultes que sur nos trottoirs de bitume. Ainsi, dans tout ce que nous avons créé, il y a seulement une *apparence* d'harmonie, le mot apparence étant pris ici dans son sens le plus rigoureux ; une apparence, c'est l'aspect sous lequel quelque chose apparaît à un observateur placé dans certaines conditions ; la merveilleuse ordonnance de nos cités n'est donc, en toute rigueur, qu'une apparence pour un observateur doué des moyens humains d'observation. Mais c'est justement ce qu'il nous faut ; c'est au moyen de nos organes des sens que nous prenons contact avec le monde ; ce qu'il faut pour que nous ne soyons pas gênés, c'est que le contact ne soit pas douloureux ou dangereux. Et précisément, l'évolution nous a faits tels que les contacts dangereux pour notre vie sont le plus souvent en même temps douloureux pour nous ; nous avons une connaissance du monde qui nous permet d'y évoluer sans mourir ; sans cela nous ne vivrions pas ; il n'y aurait pas d'espèce humaine. Et ce que je dis de l'homme est vraisemblable pour toutes les espèces animales ou végétales ;

mais je ne veux pas refaire ici l'histoire de l'évolution des espèces.

Ainsi, quand l'homme crée de l'harmonie, il crée seulement, à l'aide de chaos d'échelle inférieure, une apparence d'ordre à son échelle. Mais quand, sans rien organiser par lui-même, il se livre à l'admiration des harmonies naturelles, que fait-il de plus? Quand je jouis d'un coucher de soleil sur la mer, le magnifique tableau qui se déroule devant moi est seulement une apparence que je découpe, pour moi seul, dans des milliards d'atomes vibrants. Pour tout autre que moi, le paysage est différent, puisque tout autre que moi est fatalement autre part. Et s'il n'y a pas d'observateur du tout, il n'y a plus de beauté, puisqu'il n'y a plus d'apparence. Pour un être vivant quelconque, doué de moyens personnels d'observation, les harmonies de la nature sont des apparences personnelles, des apparences à son échelle. Il n'y a aucune raison pour que la nature soit plus douce à l'homme qu'à la fourmi. L'homme et la fourmi ont évolué dans le monde pendant des milliers et des milliers de générations ; évoluant dans le monde, ils se sont l'un et l'autre adaptés au monde qu'ils connaissaient, c'est-à-dire aux apparences que leur procuraient leurs organes sensoriels. Étant adaptés au monde tel qu'il est, ils y trouvent fatalement l'harmonie, et ils peuvent croire que cette harmonie est réelle, qu'elle est dans le monde même, alors qu'elle est seulement une apparence personnelle, agréable à chaque individu parce que chaque individu, résultat d'une longue évolution adaptative, est à son aise dans le monde auquel il est habitué. L'harmonie est différente pour chaque animal ; elle n'est pas extérieure à l'animal ; la cause de l'harmonie apparente est dans la structure adaptée de tous les êtres vivants. Voilà ce que nous enseignent des raisonnements fort simples appuyés sur le transformisme Lamarckien.

Nous trouvons de l'harmonie dans la nature au milieu de laquelle ont vécu nos ancêtres ; nous en créons pour notre usage en construisant des maisons et en produisant des œuvres d'art qui sont à notre taille ; de même les fourmis construisent des fourmilières, commodes pour les fourmis, inutilisables pour nous. Chacun de nous découpe dans le monde des apparences qu'il trouve belles, qu'il admire parce qu'elles sont à l'échelle de son adaptation individuelle.

Mais dès que nous entrons, par des moyens artificiels, dans l'observation des choses qui se passent à une échelle inférieure, nous trouvons *généralement* que les phénomènes connaissables à cette échelle n'ont aucun rapport avec ceux que nous aimons et que nous admirons lorsque nous observons directement le monde avec nos moyens naturels de connaissance. Je dis que cela a lieu *généralement*, mais cela n'a pas lieu *toujours*, et je vais m'arrêter quelque temps à l'étude des cas particuliers dans lesquels cela n'a pas lieu.

§ 2.

L'HARMONIE DU CRISTAL

Si un archéologue trouvait un petit morceau de marbre provenant de la Vénus de Milo, il n'aurait aucun moyen de savoir que ce petit éclat informe a fait partie jadis du bras de la célèbre statue. Un minéralogiste averti pourrait lui dire si le marbre en question provient de Paros ou de Carrare, mais il n'y a aucun rapport entre la forme naturelle ou artificielle d'un bloc de marbre et la structure intime de ce minéral. De même, si l'on donnait à un histologiste un éclat de bois arraché à une statue, il ne pourrait pas reconnaître que cette statue était une madone ; mais il verrait aisément si elle était en chêne ou en châtaignier. Et c'est déjà là quelque chose de plus que ce que le pétrographe découvrait dans un éclat de marbre, car, même assez habile pour reconnaître la provenance de cet échantillon de pierre, il ne pouvait cependant pas deviner quelle avait été, avant le travail des carriers, la forme naturelle du bloc qui l'avait fourni.

Au contraire, la structure histologique d'un morceau de bois, évoque, pour le botaniste, la forme spécifique de l'arbre châtaignier qui est différente de celle de l'arbre chêne. A vrai dire, le meilleur botaniste ne pourrait pas dessiner rigoureusement le châtaignier même qui a fourni l'échantillon de bois étudié, mais tous les châtaigniers ont dans leur apparence générale des caractères communs qui permettent de les reconnaître comme tels et de les distinguer des ormes ou des sapins. Voilà donc un cas, le châtaignier, dans lequel il y a un rapport entre la forme connue à l'échelle humaine par les moyens humains d'observation directe et la forme connue à l'échelle cellulaire par les procédés de l'histologie. Or le châtaignier est une production naturelle, tandis que la madone de bois sculpté était une production humaine. Allons-nous trouver beaucoup de cas où la nature établisse un rapport étroit entre les résultats de l'observation du même objet à des échelles très différentes, comme cela a lieu pour le châtaignier étudié macroscopiquement ou microscopiquement?

L'exemple du marbre de Carrare ou de Paros nous prouve d'avance que, si ces cas sont nombreux, ils ne comprennent pas, néanmoins, tous les corps de la nature. Le châtaignier est un être vivant, et les êtres vivants occupent, au point de vue où nous nous plaçons actuellement, une situation tout à fait à part; mais, même en dehors des êtres vivants, il y a des corps naturels chez lesquels se manifeste une liaison remarquable entre les aspects que présentent ces corps observés à des échelles extrêmement différentes.

Les minéraux cristallisés réalisent précisément ce desideratum. Si l'homme taille artificiellement, dans un cristal de spath d'Islande, un polyèdre de la forme qui lui plaît, s'il donne à ce polyèdre des faces bien planes et tout l'aspect d'un autre cristal naturel, le minéralogiste découvrira cependant sans peine que cette forme polyédrique n'est pas la forme naturelle sous laquelle on trouve la matière en question; les propriétés optiques et chimiques de cette substance transparente permettent en effet de la reconnaître partout et toujours, pourvu qu'on lui donne artificiellement des faces planes quelconques. Et le minéralogiste, ayant découvert qu'il a affaire à du spath pourra dessiner, sans l'avoir vue, la forme du cristal naturel dans lequel a été taillé le fragment qu'il étudie.

Or les propriétés optiques des substances transparentes dérivent évidemment d'un arrangement particulier intéressant une échelle très inférieure à celle où nous étudions directement la forme d'un cristal de spath d'Islande. Et puisque ces propriétés optiques suffisent pour deviner la forme du cristal, pour connaître, par exemple, sans les avoir vus, la valeur exacte de ses angles dièdres naturels, c'est qu'il y a une relation entre la forme macroscopique de ce corps et la disposition de ses particules à une échelle très inférieure.

Bien plus, si l'on connaît la nature chimique d'une substance donnée, on pourra prévoir la forme[1] cristalline macroscopique que prendra cette substance, lorsqu'elle se trouvera dans des conditions où la cristallisation est possible. Il y a donc une relation de cause à effet entre la structure atomique d'un corps et la forme macroscopique qu'il prend dans les conditions qui favorisent sa cristallisation. Peut-être a-t-on le droit de considérer comme intermédiaire à ces deux extrêmes l'échelle à laquelle se réalise la disposition particulaire qui donne aux substances cristallines leurs propriétés optiques ; et alors nous avons trois échelles très différentes, l'échelle atomique, l'échelle particulaire et l'échelle macroscopique, telles que les propriétés découvertes, à ces trois échelles, dans

1. Certaines substances chimiquement définies sont susceptibles de plusieurs formes cristallines, mais les prennent dans des conditions différentes.

les substances cristallisées, sont liées les unes aux autres par des relations de cause à effet. En d'autres termes, l'étude, faite à l'une quelconque de ces échelles, entraîne, pour la substance cristallisée, des conséquences qui se vérifient fatalement aux deux autres échelles.

Ainsi, l'état cristallin prend une place à part dans la nature inorganique. Si un observateur, observant à une échelle donnée, découvre une certaine harmonie dans un cristal, un autre observateur, observant à une autre échelle, y découvrira une *autre* harmonie, *qui ne sera pas indépendante de la première*. C'est, on le voit, tout autre chose que ce qui se manifeste dans une statue, œuvre d'un homme. Il n'y a aucun rapport entre l'harmonie que découvre l'homme dans la forme de la statue et une autre harmonie quelconque, que l'on peut découvrir à une autre échelle (cellules du châtaignier), dans la substance dont est faite la statue. Par rapport à la statue, l'harmonie cellulaire du bois *ne compte pas*; on peut dire sans hésiter que, par rapport à la forme macroscopique de la Vénus de Milo, l'arrangement des éléments microscopiques du marbre présente un véritable chaos.

Étant donné un cristal naturel, on peut être assuré (à moins qu'il s'agisse d'une *pseudomorphose,* qui est à un cristal vrai ce qu'une statue est à son modèle vivant), on peut être assuré, dis-je, que l'on trouvera, à des échelles inférieures, des harmonies liées, par des relations de cause à effet, à la forme macroscopique du cristal.

En est-il de même à des échelles supérieures? Pas ordinairement.

Le plus souvent, quand nous voyons se former des cristaux dans une solution, ces divers cristaux sont disposés en un fouillis absolument quelconque. Quelquefois, cependant, on constate une tendance des cristaux à s'associer suivant des règles géométriques, en formant ce qu'on appelle une *macle* : mais, le plus souvent, cette harmonie d'échelle supérieure est peu indiquée ; quelquefois elle ne se manifeste pas du tout. Si l'on observe, par exemple, un bloc de granit au bord de la mer bretonne, on remarque tout de suite que la forme du bloc est absolument quelconque et sans relation aucune avec le fait que ce bloc est du granit. C'est absolument le même cas que celui de la Vénus de Milo dont la forme est indépendante de la disposition des éléments du marbre. Un rocher de granit, fraîchement cassé, laisse voir à son intérieur un *chaos* absolument quelconque de cristaux de toutes dimensions. Le quartz, le feldspath et le mica, cristallisés chacun pour son compte, sont répartis tout à fait au hasard dans la masse totale du granit. Pour un corps cristallisé, sauf le cas des macles, l'harmonie la plus élevée qui soit en relation de cause à effet avec les harmonies d'échelle inférieure est donc l'harmonie cristal ; en d'autres termes, en prenant le langage de la biologie, le cristal est la plus haute unité morphologique[1] déterminée par les harmonies chimiques ou particulaires ; *au-dessus, c'est le chaos!*

C'est seulement pour les corps solides, ayant une forme par eux-mêmes, que nous pouvons parler de forme macroscopique. Pour les minéraux naturels, nous voyons que cette forme macroscopique est en harmonie avec la structure intime du minéral, quand ce minéral est cristallisé. Quand il ne l'est pas, il comprend un chaos d'éléments plus petits ; et c'est seulement à partir du moment où, en descendant l'échelle, on est arrivé à l'élément cristallisé, que l'on entre dans le domaine des harmonies interdépendantes.

Chez les liquides et les gaz, il n'y a pas de forme personnelle d'ensemble. Pris en grande quantité, un liquide ou un gaz se moule sur le récipient solide dans lequel il est contenu, et épouse sa forme avec servilité. C'est seulement quand le liquide est en petite quantité, ou quand on l'observe au voisinage des parois solides, qu'on le voit prendre une forme par lui-même ; encore faut-il faire bien des

---

1. C'est ainsi que j'ai été amené à définir l'*individu* en biologie (V. *L'Unité dans l'Être vivant*).

Le Dantec. — Chaos.

réserves sur cette forme qui ne saurait être considérée comme vraiment personnelle au liquide considéré.

Il y a cependant, chez certains liquides très spéciaux, des propriétés optiques dirigées qui démontrent l'existence, dans ces liquides, d'une forme établie *à l'échelle particulaire.* Cela n'empêche pas le liquide, pris en masse, d'épouser la forme du récipient dans lequel il est contenu, mais on devine qu'il existe, en descendant à partir de l'échelle particulaire, une harmonie établie entre cette échelle et l'échelle atomique. Ces liquides sont comparables à des cristaux auxquels manquerait seulement la forme supérieure d'ensemble.

En dehors de ces cas de liquides à tendance cristalline, on ne trouve dans les fluides en général qu'un *chaos* de molécules distribuées au hasard. Nous verrons, un peu plus tard, comment, de ce chaos de molécules, précisément parce que c'est un *chaos* et que les molécules y sont distribuées *au hasard,* résulte à une échelle supérieure une certaine harmonie que nous exprimons sous forme de loi. Ce sera un exemple d'harmonie ascendante, c'est-à-dire d'harmonie provenant, à une échelle supérieure, d'un chaos réalisé à une échelle inférieure, tandis que, dans le chaos d'un granit, par exemple, nous avons découvert une harmonie descendante, réalisée seulement à partir de l'échelle *cristal* et se continuant depuis cette échelle, en descendant, jusqu'à l'échelle atomique. Mais avant d'arriver à ces considérations générales, nous devons nous arrêter à l'étude de corps qui nous intéressent plus spécialement, puisque nous en sommes, et qui, au point de vue des harmonies réalisées à des échelles très différentes, occupent dans le monde une situation toute privilégiée.

§ 3.

LES CORPS VIVANTS

Nous remarquions tout à l'heure qu'un botaniste, étudiant histologiquement un fragment d'une statue de bois, peut reconnaître, non pas la forme de la statue, mais l'espèce de l'arbre qui en a fourni les matériaux. Le phénomène du bouturage, si remarquable dans un grand nombre d'espèces végétales, donne à cette relation entre la forme histologique et la forme macroscopique une signification bien plus importante encore ; un fragment quelconque, emprunté à une partie quelconque d'un végétal, produit, s'il est capable de vivre par lui-même dans un sol nutritif, un végétal *de même espèce* que celui auquel il a été emprunté. Ce phénomène, capital en biologie, conduit, par des déductions que j'ai exposées ailleurs, à la découverte de lois particulières qui régissent la vie sous toutes ses formes. Je ne reproduis pas ici ces déductions, mais seulement celles de leurs conclusions qui sont particulièrement intéressantes pour la question étudiée dans cet ouvrage.

Contrairement à ce qu'admettent la plupart des naturalistes, qui sur la foi des néo-Darwiniens voient dans un organisme vivant un assemblage disparate de matières hétéroclites représentées par des particules éternelles, mes études synthétiques de biologie m'ont amené à l'idée fondamentale de « l'Unité dans l'Être vivant ». Cette idée, à laquelle j'attribue une grande valeur philosophique, et que j'ai publiée il y a déjà une dizaine d'années, peut s'exprimer de la manière suivante :

Dans un individu vivant (nous verrons tout à l'heure ce qu'il convient d'appeler individu), un fragment quelconque de corps, fût-il de la dimension la plus minime que nous sachions réaliser au moyen de nos instruments tranchants, porte l'empreinte de l'individu auquel il appartient, et cette empreinte personnelle est *différente* de celle qui existe dans un fragment vivant quelconque, emprunté à tout individu *différent* du premier. Cette empreinte, *commune* à toutes les parties de l'individu vivant, est ce que j'appelle son *patrimoine héréditaire,* parce que, dans une expérience de bouturage, tout fragment détaché de cet individu, et capable de vivre par lui-même, emporte avec lui, comme héritage, cette empreinte individuelle, et la transmet au corps vivant qu'il produit en se développant. Si nous savions faire vivre *dans des conditions identiques* deux fragments empruntés au même individu, ces deux fragments donneraient des individus identiques. Mais ce n'est là qu'une manière théorique de parler, car une telle expérience est irréalisable ; c'est néanmoins une conclusion à laquelle on est conduit fatalement par la biologie déductive.

Un individu est donc un tout vraiment *un*, puisqu'une particularité commune existe dans toutes ses parties et manque chez tout individu différent. Cette particularité commune, que j'appelle le patrimoine héréditaire, se manifeste aux diverses échelles que peuvent créer nos divers moyens d'observation. La plus inférieure de ces échelles est l'échelle atomique ou chimique. A vrai dire, à cette échelle très inférieure, nous ne savons pas faire d'observations directes. Un chimiste ne voit jamais les molécules, et c'est par des déductions très serrées qu'il arrive à tirer, de ses expériences macroscopiques, des conclusions relatives aux édifices atomiques. Néanmoins, nous savons aujourd'hui parler, avec une certitude très suffisante, de ce qui se passe à l'échelle chimique.

Au-dessus de l'échelle chimique, et correspondant vraisemblablement à ce que nous avons appelé tout à l'heure l'échelle particulaire dans l'étude des cristaux, la science moderne a découvert, chez tous les êtres vivants, l'échelle protoplasmique ou colloïde. Les particules que l'ultra-microscope découvre dans les colloïdes sont déjà des agglomérations de milliers et de milliers de molécules, mais la biologie déductive permet d'affirmer que l'*harmonie* réalisée à l'échelle colloïde est *liée* à celle de l'échelle chimique. *Dans des conditions données,* un patrimoine héréditaire défini à l'échelle chimique détermine, à l'échelle colloïde, ce que nous pouvons appeler une *forme* protoplasmique correspondante, comme la composition chimique d'un corps en voie de cristallisation *déterminait* l'harmonie particulaire créatrice de propriétés optiques caractéristiques.

Chez les êtres vivants les plus simples que nous connaissions, nous voyons toujours une *forme* individuelle, appartenant à une échelle plus élevée d'un cran que l'échelle colloïde ; c'est ce qu'on appelle proprement, depuis que les hommes parlent des corps vivants, la forme de l'être vivant considéré. Les microbes, les protozoaires, ont une forme individuelle tellement caractéristique qu'elle permet, quand elle a été bien étudiée, de deviner les qualités chimiques et protoplasmiques correspondantes. La forme de ces petits êtres unicellulaires simples correspond à la forme cristalline des cristaux des substances inorganiques. De même qu'il y a de petits cristaux et de gros cristaux, il y a de petits microbes et de gros protozoaires, mais, pour une espèce chimique donnée, la variabilité de la dimension des cristaux est beaucoup plus grande que ne l'est la variabilité de la dimension des individus dans une espèce unicellulaire donnée. En revanche, le nombre des formes possibles pour les êtres unicellulaires est infiniment plus considérable que le nombre des formes cristallines en chimie ; les cristaux se ramènent aisément à un petit nombre de types simples, tandis que les protozoaires construisent des cellules dont la complexité morphologique dépasse toute imagination.

Nous mettons donc en parallèle avec l'échelle macroscopique cristalline de tout à l'heure, l'échelle cellulaire chez les êtres vivants. La simple considération des faits de reproduction et d'hérédité aurait suffi à nous faire comprendre que la forme cellulaire est *liée* à la forme protoplasmique et au patrimoine héréditaire chimique, de même que la forme cristalline est *liée*, pour un minéral, à sa forme particulière et à sa structure atomique. Des expériences, fort grossières, de *mé-*

rotomie[1] ont démontré le théorème *morphobiologique* à ceux qui se défient des déductions et préfèrent une mauvaise expérience à un bon raisonnement. Aujourd'hui, personne ne peut plus s'inscrire en faux contre ce théorème qui s'énonce ainsi : Dans des conditions données, une substance vivante appartenant par son patrimoine héréditaire à une espèce unicellulaire donnée, construit une cellule d'une forme donnée.

Dans cet énoncé, il ne faut pas oublier de mentionner « les conditions dans lesquelles se fait la construction ». De même, quand, dans une solution, il se forme des cristaux, tous les cristaux ont des caractères communs qui permettent de les classer rigoureusement dans une espèce donnée, mais chaque cristal a des caractères individuels (taille, dimension respective des faces, etc.), qui proviennent des circonstances physiques réalisées autour de chaque cristal au moment de sa formation. Dans les sciences biologiques, on donne le nom d'*éducation* à l'ensemble des circonstances ambiantes au sein desquelles s'est déroulé le développement d'un individu ; on pourrait dire aussi que chaque cristal doit ses caractères personnels à l'influence de son *éducation*.

Mais il y a entre les cristaux et les cellules

---

1. V. *Théorie nouvelle de la vie*. Paris, F. Alcan, 1896.

vivantes une différence qui frappe immédiatement. Nous voyons généralement un cristal se former très vite, et, une fois formé, ce cristal rigide conserve, où qu'on le transporte, des caractères définitifs. L'éducation d'un cristal se réduit à un intervalle ordinairement très court, à la fin duquel son *histoire* est terminée. Nous trouvons aujourd'hui, dans les carrières, des cristaux de quartz dont l'éducation a eu lieu il y a très longtemps, et qui ont conservé depuis, sous la rigidité de leurs faces invariables, leurs caractères individuels.

Au contraire, sauf dans le cas peu intéressant de la sporulation, l'éducation d'une cellule vivante dure autant que la cellule elle-même ; le protozoaire ne cesse de se construire tant qu'il vit, et, par conséquent, il subit, tant qu'il vit, l'influence des circonstances qu'il traverse. Alors que le cristal acquiert ses caractères individuels au cours d'une *histoire* de durée limitée, l'histoire de l'individu vivant ne cesse jamais, et, si l'on veut s'attacher à l'étude des particularités vraiment individuelles qui résultent à chaque instant de l'influence du milieu ambiant, on doit dire, en toute rigueur, qu'*un individu, c'est une histoire*[1] !

---

1. Une histoire dirigée par l'hérédité ; nous verrons plus tard l'utilité de cette restriction.

De même que les cristaux d'une espèce donnée, quoique différant tous individuellement par des caractères mesurables, ont néanmoins en commun des caractères très précis, de même les êtres unicellulaires ayant même patrimoine héréditaire, quoique différant encore plus à cause de la durée de leur éducation, ont eux aussi en commun des particularités très nettes qui permettent d'énoncer le théorème morphobiologique.

Il y a donc, chez les êtres unicellulaires comme chez les cristaux, une harmonie à l'échelle cellulaire qui est *liée* à l'harmonie de l'échelle colloïde, et, par son intermédiaire, à l'harmonie chimique localisée au dernier échelon. Le fait que, chez les êtres vivants, l'éducation dure toute la vie, entraîne une conséquence fort importante qui est l'établissement d'une réversibilité, ou plutôt d'une *réciprocité* entre les variations prenant place aux deux échelles extrêmes ; nous verrons ultérieurement l'importance de cette réciprocité dans la question fondamentale de l'origine des espèces ; continuons pour le moment à étudier les liaisons qui se manifestent entre les harmonies réalisées aux diverses échelles chez les êtres vivants.

Au-dessus du cristal, nous ne trouvions que la macle ou le chaos. Dans certaines espèces vivantes inférieures, nous ne trouvons de même, au-dessus de l'échelle cellulaire, que des agglomérations informes de plusieurs cellules, ou, quelquefois, des groupements, à forme déterminée, d'un nombre limité de cellules identiques. Le premier cas correspond au chaos des cristaux dans le granit, le second correspond à la macle. Cette macle de cellules peut prendre des caractères extrêmement précis, le nombre et la dispositions des éléments qui en font partie, arrivant, chez certaines espèces, à une fixité absolue. Dans ce dernier cas, il y a une harmonie d'un degré supérieur à celui de l'échelle cellulaire, mais s'en éloignant encore fort peu. Chez les espèces animales dites supérieures, comme les mammifères et l'homme, on constate réellement une harmonie nouvelle et qui est franchement à une autre échelle. Le corps de l'homme est formé de cellules comme une cellule est formée de particules de l'échelle colloïde. Et ces cellules, au nombre de plus de soixante trillions, ont en outre, suivant les places qu'elles occupent dans l'agglomération humaine, des formes personnelles assez différentes les unes des autres pour que l'idée de l'unité de composition de l'individu humain ait pu échapper longtemps à la perspicacité des biologistes.

Nous avions déjà vu, chez certaines espèces chimiques inorganiques, les formes cristallines changer de type suivant les conditions de cristallisation; le polymorphisme cellulaire correspondant à un patrimoine héréditaire d'homme est infiniment plus varié que les polymorphismes cristallins des espèces polymorphes ; nous savions d'ailleurs que le nombre des formes de protozoaires est beaucoup plus considérable que celui des formes de cristaux. On donne le nom de tissus aux agglomérations de cellules appartenant à un même type cellulaire ; l'homme est formé de tissus, dans chacun desquels il y a en outre, de cellule à cellule, des différences individuelles dues aux différences d'éducation, c'est-à-dire, surtout, aux différences de situation topographique.

Tout cela forme un ensemble prodigieusement complexe, qui est un homme, et dont la forme à l'échelle humaine entre dans un type parfaitement déterminé. Quoique tous les hommes soient différents les uns des autres, nous reconnaissons immédiatement un homme à la simple observation macroscopique, et nous le distinguons d'un chien ou d'un perroquet. Et la forme d'un homme ne se borne pas à un contour extérieur comme celui que réalisent les sculpteurs dans les statues ; elle comprend une anatomie profonde d'une rare précision, et qui permet au chirurgien de prévoir ce qu'il trouvera quand il ouvre un malade à un endroit déterminé. Quand nous disons « la forme d'un homme », nous comprenons donc sous ce nom beaucoup plus de choses qu'on ne le fait généralement dans le langage ordinaire qui restreint la signification du mot forme à la surface extérieure des corps.

Eh! bien, cette forme du corps humain est LIÉE, par l'intermédiaire de l'échelle cellulaire d'abord, de l'échelle colloïde ensuite, au patrimoine héréditaire chimique commun à toutes les parties de l'individu. Cela, l'étude des phénomènes d'hérédité le prouve d'une manière irréfutable. Nous avons donc quatre échelles, séparées par des intervalles à peu près équivalents : l'échelle chimique, l'échelle colloïde, l'échelle cellulaire et l'échelle humaine, telles qu'il existe un lien entre les harmonies réalisées dans un homme à l'une quelconque de ces quatre échelles. Le théorème morphobiologique s'applique au cas de l'homme comme au cas du protozoaire ; le patrimoine héréditaire chimique détermine, dans des conditions d'éducation données, la forme de l'individu issu de l'œuf doué de ce patrimoine, lequel patrimoine se retrouve d'ailleurs intégralement dans toutes les parties de l'individu issu de l'œuf à un moment quelconque de son évolution individuelle. A un moment quelconque de la vie d'un être, il y a donc toujours *unité* de composition dans cet être ; un fragment d'un individu ne pourrait pas faire partie d'un individu différent.

On appelle *individu* la plus haute unité

morphologique héréditaire dans une espèce donnée. Chez le protozoaire, c'est l'être unicellulaire qui est l'individu ; chez la *sarcine,* c'est un groupement fixe de 4 cellules ; chez l'homme, c'est l'homme lui-même. Dans beaucoup de cas, des individus définis comme je viens de le dire sont associés en *colonies* de forme variable comme les arbres ; dans un arbre, l'individu est un entre-nœud pourvu d'une feuille et d'un bourgeon, mais si l'arbre arrivait à acquérir, par adaptation, une forme d'ensemble invariable, ce serait l'arbre qui serait l'individu et non plus l'entre-nœud. Je signale seulement ici cette remarque que j'ai longuement développée ailleurs [1] ; je voulais seulement, pour le besoin de l'étude que je poursuis dans cet ouvrage, établir l'existence des liens qui unissent la forme *individuelle* au patrimoine chimique par l'intermédiaire des formes cellulaires et protoplasmiques.

§ 4.

HÉRÉDITÉ ET ÉDUCATION; PREMIÈRE NOTION DU HASARD

Dans l'état actuel du monde, nous avons remarqué, au cours des paragraphes précé-

---

1. V. *L'Unité dans l'Être vivant, op. cit.*

dents, l'existence de deux catégories de corps, les cristaux d'une part, les individus vivants d'autre part, dans lesquels il existe un LIEN entre ce qu'on peut appeler les formes aux diverses échelles. Dans le cristal, la *forme* cristalline est LIÉE à la *forme* particulaire et à la *forme* chimique; dans l'être vivant la *forme* individuelle est LIÉE aux *formes* cellulaires, aux formes colloïdes et à la *forme* chimique qui est le patrimoine héréditaire. En d'autres termes, dans l'intérieur d'un cristal ou d'un individu, entre l'échelle supérieure, cristalline ou individuelle, et l'échelle inférieure atomique, on ne rencontre rien de complètement indéterminé ; la seule indétermination qui puisse se trouver tient aux conditions que nous avons appelées *conditions de l'éducation*; en dehors de cette indétermination, tout est fixé par des liaisons que l'on peut réunir sous l'appellation commune de *liaisons héréditaires,* quoique cette manière de parler ne convienne réellement qu'aux êtres vivants.

Mais *au-dessus* de l'échelle supérieure, de l'échelle cristalline pour les cristaux, de l'échelle individuelle pour les êtres vivants, que rencontrons-nous dans l'univers? Les montagnes et les vallées ont une forme *quelconque* par rapport à leurs éléments composants; de même, les êtres vivants sont distribués d'une manière tout à fait quelconque par rapport à la structure intime de ces êtres eux-mêmes.

Déjà, quand il s'agissait d'une masse de granit, nous avions constaté que les cristaux de quartz de feldspath et de mica sont distribués d'une façon absolument indéterminée dans un bloc de forme absolument indéterminée. Et, dans une montagne, les blocs de granit ou de grès sont distribués d'une manière absolument quelconque par rapport à la nature des éléments cristallins qui les composent. Tout au plus, dans un bloc de granit, peut-on constater que la cassure a un aspect granitique tandis qu'elle a un aspect grèseux dans un bloc de grès. Cela indique tout juste un élément rudimentaire de spécificité dans la manière dont s'agglomèrent les éléments de ces roches. D'une manière générale, on peut dire que la disposition des cristaux dans un granit, est, comme la disposition des granits dans une montagne, *un pur résultat d'éducation*. C'est à l'ensemble des circonstances réalisées autour de ces cailloux pendant leur formation que ces cailloux doivent leur morphologie d'ensemble. On peut trouver un bloc de grès qui a exactement la même forme extérieure qu'un bloc de granit.

Donc, au-dessus de l'échelle cristalline (sauf le cas des macles) les formes des minéraux sont un fait exclusivement historique;

les conditions qui ont réalisé ces formes d'ensemble étaient en dehors des minéraux et non pas en eux ; il n'y a aucune liaison entre la valeur chimique des éléments et la forme des blocs de caillou. En toute rigueur, on peut dire que l'agglomération de cristaux qui constitue une masse de granit est un véritable chaos ; la disposition durable de ces cristaux a eu, pour cause déterminante, un ensemble de circonstances *qui n'existe plus* ; aujourd'hui, cette disposition, acquise il y a si longtemps, ne rime plus à rien ; il n'y a plus de raison actuelle pour que les cristaux soient groupés de cette façon ; nous devons donc nous borner à constater que les choses sont comme elles sont et non autrement. Si nous voulons une *explication* des résultats que nous constatons, il faut que nous cherchions à reconstituer l'histoire de la masse minérale étudiée, d'abord pendant qu'elle se solidifiait, ensuite, pendant que, définitivement solidifiée, elle subissait passivement les érosions et les dégradations atmosphériques.

Quelque impropre que soit ce mot emprunté à la biologie, nous trouvons utile de dire, provisoirement au moins, que l'*hérédité* n'étend pas son influence au delà du cristal. Dans la formation d'un cristal, il intervient aussi des conditions d'éducation ; ce sont les circonstances entourant la cristallisation qui déterminent la dimension du cristal et l'étendue relative de ses faces ; mais d'autres caractères, par exemple la valeur des angles dièdres, sont déterminés par l'hérédité atomique indépendamment des circonstances de la cristallisation. Au-dessus de l'échelle cristalline, l'hérédité perd à peu près complètement son pouvoir directeur ; les agglomérations de cristaux sont à peu près uniquement déterminées par les circonstances réalisées *au moment* où se fait la solidification. Un instant après, ces circonstances n'existent plus, et la morphologie du granit est fixée pour des siècles ; cette morphologie ne porte donc pas en elle-même l'indication de sa raison d'être ; nous pouvons convenir de dire, dans ce cas, que, dans un morceau de granit, les cristaux sont distribués *au hasard*.

Voilà une première définition du hasard, à laquelle nous sommes conduits naturellement par les considérations précédentes, et au sujet de laquelle nous aurons beaucoup à réfléchir ultérieurement. Dans la genèse d'un cristal, il y a deux facteurs à considérer :

1° La nature même de la substance qui cristallise, sa structure chimique, ce que nous appelons provisoirement son hérédité ;

2° Les conditions réalisées autour d'elle au moment où elle cristallise ; pour un cristal donné nous disons que ces conditions constituent son éducation ; nous voici conduits à dire que ces facteurs historiques représentent *les hasards* de la cristallisation.

Pour un cristal, nous l'avons vu, l'hérédité lutte contre l'éducation et lutte victorieusement à un certain point de vue, puisque le type auquel appartiendra le cristal est déterminé d'avance, fatalement, par sa nature chimique ; mais cette victoire n'est pas complète puisque l'éducation peut faire naître ici un gros cristal, là un petit : ici un cristal où telle face sera plus développée, là un autre cristal où cette face le sera moins. Il y a donc une part de hasard dans la genèse de tous les cristaux.

A l'échelle supérieure, au-dessus du cristal, il n'y a pour ainsi dire plus que du hasard ; les cristaux d'un granit actuel sont agglomérés d'une manière absolument quelconque dont la raison d'être a disparu aussitôt que se sont modifiées les circonstances mêmes dans lesquelles ce granit s'était solidifié. Le pétrographe qui compare aujourd'hui deux échantillons de granit est obligé d'avouer que les cristaux de ces deux échantillons sont distribués *absolument au hasard*. En d'autres termes, il ne trouve aucun caractère commun aux deux distributions cristallines qu'il découvre dans ses deux échantillons ; il exprime encore cette remarque en disant que la distribution de ces cristaux *n'est soumise à aucune loi*. Cela ne veut pas dire que le déterminisme universel ait été en défaut dans la fabrication du granit, et qu'il y a en lui des effets sans cause. Cela veut dire simplement que les raisons qui ont déterminé la distribution des cristaux de quartz de feldspath et de mica[1] ont été des raisons d'éducation qui ont existé au moment où se faisait la solidification, et non des raisons d'hérédité qui se retrouveraient encore aujourd'hui dans la valeur chimique des éléments. On peut dire la même chose de tous les cas où une matière fondue s'est solidifiée, dans un moule formé par un creux de terre par exemple ; le bloc moulé conserve sa forme après que l'érosion a détruit le moule ; et alors cette forme ne rime plus à rien ; elle n'a qu'une signification historique.

On pourrait en dire autant de tous les corps solides autres que les cristaux. Par cela même qu'ils sont solides et rigides, leur forme survit aux conditions dans lesquelles cette forme s'est construite. Un morceau de bois de châtaignier conserve, tant qu'il n'est pas pourri, une structure histologique permettant de reconnaître qu'il est du châtaignier, c'est-à-dire qu'il a été construit par l'activité vitale d'un protoplasma de châtaignier ; le protoplasma a disparu, la vie a cessé,

---

1. Et, plus encore, la forme générale du morceau de granit.

et cependant la planche morte reste longtemps reconnaissable comme planche de châtaignier.

Une évolution ultérieure peut se produire ; la planche de châtaignier peut se pourrir, elle peut être sciée ou découpée, etc. ; le caillou peut se transformer sous l'influence des agents atmosphériques ; il peut être taillé ou cassé. Mais c'est là une nouvelle *histoire* qui commence. Un corps solide est précisément pour nous un corps doué d'une rigidité suffisante pour que, à partir du moment où il est formé, il conserve assez longtemps la forme qu'il a acquise ; *dur* vient de *durer*, ou réciproquement.

Mais si l'histoire d'un corps n'est jamais finie tant que le corps existe, on doit considérer néanmoins comme particulièrement importante pour un corps solide l'histoire des circonstances qui l'ont fait solide. La géologie se propose de nous apprendre l'histoire de la formation des éléments solides qui constituent le sol de la Terre ; mais la géologie n'est pas finie ; il y a toujours des causes actuelles d'érosion, de destruction des roches. Et il est impossible de nier que les reliefs géographiques aujourd'hui connus soient le résultat d'une histoire dans laquelle la composition des roches, ce que nous avons appelé leur hérédité, a joué un rôle bien minime. Nous devons donc dire, nous conformant à la manière de parler à laquelle nous avons été conduits tout à l'heure, que la forme des continents est purement l'œuvre du hasard. Cela ne veut pas dire qu'il n'y a pas eu, à chaque instant, une raison actuelle déterminant la formation des roches ici ou là ; cela veut dire simplement que ces raisons étaient d'ordre historique et n'existent plus aujourd'hui. Nous sommes réduits à constater que les choses sont comme elles sont et non autrement.

Cependant, nous nous extasions sur les harmonies merveilleuses de la nature ; nous ventons la beauté de la ligne d'horizon que fournit à l'observateur la chaîne des Alpes. Comment se fait-il que tout cela, qui est si vraiment beau pour nous, soit néanmoins un chaos quelconque, le résultat historique d'événements n'ayant les uns avec les autres aucun lien réel ? C'est que ce monde, dont l'ossature solide varie lentement par rapport à l'homme, est le berceau de l'homme ; l'homme s'est *adapté* à lui par une évolution séculaire, et c'est de cette adaptation que résulte notre impression d'harmonie. Cette harmonie, qui n'existe pas dans le monde œuvre du hasard, existe dans les relations entre le monde et nous qui, à un certain point de vue, *sommes nés de lui*. Les phénomènes d'adaptation qui résultent fatalement de la continuation de la vie d'une espèce dans un pays, créent, entre le pays et ses habitants, des *liens* autres que ceux que nous avons découverts jusqu'à présent et, donnant à l'harmonie une signification plus générale, nous conduisent en même temps à une définition plus parfaite de ce que nous devons entendre par ce mot : *le hasard*.

Avant d'entreprendre l'étude des harmonies résultant de l'évolution adaptative, nous devons arrêter un instant notre attention sur des phénomènes dont les corps solides sont souvent le siège, et qui nous prépareront admirablement à comprendre comment les êtres s'adaptent sous peine de mort.

§ 5.

ÉLASTICITÉ ET RÉCIPROCITÉ

Les corps solides les plus rigides ne sont pas indéformables ; au contraire, une lame d'acier *très dure* est généralement flexible sous l'influence d'une pression ; c'est ce que nous constatons dans les *ressorts*.

Considérons un ressort d'acier solidement tenu à une de ses extrémités entre les mâchoires d'un étau ; écartons de sa position actuelle l'extrémité libre du ressort ; nous pouvons le tenir dans cette position nouvelle au moyen d'un cran d'arrêt ; c'est ce qui se passe, par exemple, quand nous armons le chien d'un fusil. La *forme* de ce corps solide appelé ressort n'était donc pas définitive, puisque nous pouvons la modifier, en bandant le ressort. Mais le ressort ne reste bandé que grâce à un cran d'arrêt qui exerce sur lui une contrainte. Dès que le cran d'arrêt cesse d'exercer cette contrainte, le ressort tendu *s'élance* vers sa position, vers sa forme première ; au bout de quelque temps, nous le retrouvons immobile et semblable à ce qu'il était d'abord. Ainsi, cette forme *quelconque* que l'ouvrier a imposée, suivant sa fantaisie, à ce morceau d'acier, est devenue, à partir de ce moment, quelque chose de durable. Si on essaie de la modifier par une flexion, elle revient d'elle-même à son état premier, aussitôt qu'on cesse d'agir sur elle. Cela tient à ce que, si la forme extérieure, choisie par l'ouvrier et déterminée par lui à l'aide de la lime ou de tout autre procédé, est vraiment une forme quelconque, la *texture* du morceau d'acier est, envisagée à une échelle inférieure, quelque chose de bien déterminé.

Le morceau d'acier n'est pas un cristal unique ; sa forme d'ensemble est donc un produit de l'éducation, c'est-à-dire du hasard (ou de la fantaisie d'un constructeur étranger au morceau d'acier). Mais une fois que ce corps est devenu solide (supposons qu'il s'agisse d'acier fondu), son éducation première est terminée, j'entends par là l'éducation qui le conduit jusqu'à l'état solide. A partir de ce moment, c'est en tant que solide qu'il subira les influences du dehors ; or sa solidification a créé entre les divers éléments de sa masse des *liaisons* dues à la cohésion, à l'adhérence réciproque de ces éléments ; ce sont même ces liaisons, ces adhérences qui nous font dire que la masse, tout à l'heure fondue, s'est solidifiée.

Si les liaisons existant entre les éléments d'un corps solide étaient absolues, le corps serait véritablement rigide et indéformable. L'expérience du ressort tendu, en même temps qu'elle nous prouve que cette rigidité n'est que relative, nous fournit aussi un *modèle* extrêmement précieux qui nous permet de nous représenter la nature des liaisons intérieures de l'acier. Entre deux points quelconques, pris au hasard au sein de la masse d'acier, les liaisons se comportent précisément comme un ressort. Si la déformation d'ensemble de la masse a pour résultat d'écarter l'un de l'autre les deux points considérés, cet écartement bande le ressort des liaisons, qui tend, par suite, à les rapprocher ; au contraire les deux points étant rapprochés, compriment le ressort de leurs liaisons, qui tend à les écarter en leur rendant leur position primitive.

Ainsi, un ressort d'acier peut être considéré comme formé d'une infinité de petits ressorts envisagés à une échelle moindre. Quand on tend le grand ressort en lui imposant, par contrainte, une déformation donnée, il en résulte, pour chacun des petits ressorts qui le composent, soit des extensions, soit des compressions, suivant la place que chacun d'eux occupe dans la masse totale du corps. Et quand la contrainte cesse, quand le grand ressort se précipite vers sa position première, chacun des petits ressorts s'élance aussi, pour son compte, vers son état initial. Il y a entre le phénomène total observé à l'échelle macroscopique, et les phénomènes élémentaires observés à une échelle inférieure, des relations rigoureuses et *réciproques*. Si on tend le grand ressort d'une certaine manière, on donne à chacun des petits ressorts élémentaires une tension *correspondante*; réciproquement, si on savait, en agissant directement à l'échelle des petits ressorts, donner à chacun d'eux la tension qu'il avait tout à l'heure, il en résulterait, pour le grand ressort, la même déformation que dans l'expérience primitive.

On donne à cette propriété le nom *d'élasticité*. L'élasticité est variable avec les corps solides, d'après leur degré de solidité. Une déformation ne dépasse pas la limite d'élasticité d'un corps, quand elle n'empêche pas le corps de revenir rigoureusement à sa position initiale ; elle dépasse au contraire cette limite si elle détermine chez le corps une modification durable ; ainsi, un morceau de plomb que l'on plie, un morceau de verre que l'on casse. Un bon ressort d'acier peut être tendu très souvent sans manifester de déformation permanente sensible.

Donc, à partir du moment où un corps s'est solidifié, et quels que soient les hasards auxquels il a dû sa forme de corps solide, ce corps joue dans le monde le rôle d'un *individu,* tant qu'il s'agit d'événements qui ne lui imposent pas de déformations dépassant sa limite d'élasticité. Cette remarque a une importance capitale dans l'histoire du monde.

Un ressort tendu, que l'on lâche brusquement, s'élance vers sa position première, mais, quand il y arrive, il est animé d'une certaine vitesse, et il dépasse la position vers laquelle il était parti ; il subit donc, de la part de cette vitesse, une contrainte qui lui impose une déformation en sens inverse de la première ; quand, grâce à la résistance croissante résultant de cette déformation, il s'arrête enfin, il s'élance immédiatement en sens inverse, dédépasse encore sa position initiale, et ainsi de suite ; il exécute ainsi ce qu'on appelle un mouvement vibratoire. Il suffit de réfléchir un instant pour comprendre que chacun des petits ressorts élémentaires dont il est composé exécute, dans le même temps, une vibration complète ; en d'autres termes, chacune des liaisons élémentaires, que nous considérons entre deux points quelconques pris dans la masse d'acier, est l'objet d'un mouvement vibratoire *synchrone* de celui du ressort tout entier. Cette manière de parler fait ressortir à merveille le caractère d'individualité résultant de la solidification d'un corps dans une forme donnée, ou même de l'imposition d'une forme donnée (par la lime, par exemple) à un corps solide déjà existant.

Je suppose qu'un ouvrier fabrique deux diapasons avec le même acier, l'un donnant le *mi*, l'autre donnant le *la*. Si l'on étudiait microscopiquement la contexture de ces deux diapasons, on trouverait qu'elle est la même dans les deux instruments, puisque nous avons supposé que les deux ressorts sont formés du même acier. Et cependant, sous l'influence de tous les chocs extérieurs, le premier diapason donnera toujours le *mi*; le second donnera le *la*. Et ceci sera vrai de tous les petits ressorts élémentaires que nous pouvons définir dans la masse d'acier. Or, il nous est facile de supposer que nous trouvons, dans les deux diapasons, deux régions où la disposition des particules de l'acier est la même ; et, par le fait que, à une échelle supérieure, l'ouvrier aura découpé dans l'acier, soit un instrument donnant le *mi* soit un autre donnant le *la*, ces deux régions identiques, contraintes par leurs liaisons de prendre un mouvement synchrone de celui du diapason total auquel elles appartiennent, seront condamnées désormais, l'une au *mi*, l'autre au *la* à perpétuité.

Ceci est vrai pour un corps solide quelconque. Un morceau de verre de vitre rendra un son qui dépend de sa forme, et ce son indiquera la durée des vibrations dont il sera le siège, chaque fois qu'il subira un choc extérieur. Tout cela prouve qu'un corps solide a une individualité indiscutable et joue, dans le monde, un rôle dépendant de la forme que le *hasard* lui a imposée.

Il y a cependant une qualité du son rendu par un corps solide, qui est en relation, non plus avec sa forme, mais avec sa structure élémentaire, avec son « hérédité ». C'est le timbre, qui permet à une oreille exercée de distinguer la nature d'un corps vibrant. En revanche, la hauteur est liée à la forme et non à la composition chimique.

Je parlais tout à l'heure des liens de *réciprocité* existant entre le mouvement du ressort total et les mouvements particuliers résultant de ses déformations ; ces liens de réciprocité sont évidents pour quiconque observe les phénomènes sans idée préconçue. Mais depuis que nous connaissons les phénomènes électriques, nous avons une manière expérimentale très simple de mettre cette réciprocité en évidence ; il suffit de s'arrêter un instant à l'observation du téléphone ; je parle du téléphone primitif et non de celui que l'on emploie aujourd'hui et dans lequel l'emploi de microphones rend plus difficile la narration des faits de transmission.

Le téléphone se compose d'un transmetteur et d'un récepteur *identiques,* unis par un fil électrique. On parle devant le transmetteur ; la plaque vibrante se met en mouvement en épousant, par résonance, la *forme*[1] vibratoire de la phrase prononcée ; vibrant devant un électro-aimant, cette plaque *influence* par ses mouvements le phénomène électrique qui se passe dans le fil, et il y a un *lien* entre les mouvements de la plaque et les variations d'intensité du courant. Arrivant, à l'autre extrémité du fil, dans un récepteur identique au transmetteur, le courant variable influence la plaque placée devant l'électro-aimant ; il est lié à cette plaque par des relations *réciproques* de celles qui existaient entre la plaque du transmetteur et le courant de son électro-aimant ; or la plaque du récepteur reproduit la *forme* de la vibra-

---

[1]. Pour cette question de forme, voyez *Les limites du Connaissable.* Paris, F. Alcan, 1903.

tion de la plaque du transmetteur ; il y a donc eu réciprocité parfaite ; ce qui était l'effet est devenu la cause ; ce qui était la cause est devenu l'effet ; et le personnage placé au récepteur, *entend* ce que le premier a *dit*. Cet exemple met en même temps en jeu les relations de l'homme avec les phénomènes vibratoires du monde ambiant ; nous aurons à y revenir plus tard.

La machine Gramme met en évidence un autre exemple d'une réciprocité parfaite. Si on fait tourner l'anneau, cela développe un courant électrique dans les torons de fils enroulés autour de l'anneau. Réciproquement, si l'on fait passer un courant dans ces torons de fil, l'anneau se met en rotation. Ici la réciprocité se fait sans l'intermédiaire de mouvements vibratoires de l'échelle sonore ; elle n'en est que plus étonnante pour l'observateur. J'emploie le mot réciprocité de préférence au mot réversibilité que les physiciens utilisent dans un sens tout différent.

Puisque nous venons de parler de *son* transmis de la bouche de l'homme au transmetteur du téléphone, il faut que nous fassions à ce sujet une nouvelle remarque, avant d'entrer dans l'étude de l'évolution adaptative des êtres vivants. Un diapason vibre suivant sa forme comme nous l'avons vu précédemment ; s'il vibrait dans le vide, nous pourrions le *voir* vibrer, mais dans l'air, nous *l'entendons,* parce que l'air nous transmet le son. C'est donc que l'air dans lequel baigne le diapason n'est pas indépendant du diapason dont il constitue l'ambiance. Et cela se comprend aisément.

Les liquides et le gaz, nous l'avons déjà dit et nous aurons à y revenir un peu plus tard, n'ont pas en général une forme personnelle ; ils épousent la forme du récipient solide dans lequel ils sont enfermés. Or, considérons l'air de la chambre dans laquelle nous observons un diapason. Le diapason, comme tous les autres corps solides de la chambre, fait partie des *parois* du vase contenant l'air ; et si l'on déforme l'une quelconque de ces parois, l'équilibre de l'air en est troublé, puisqu'il se moule sur le vase solide dans lequel il est contenu. Que l'une des parois prenne un mouvement vibratoire, l'air qui est en contact de cette paroi subit par là même une série de compressions et de dilatations, suivant que la paroi s'éloigne de lui ou s'en rapproche ; et une simple application (peut-être d'ailleurs un peu hâtive) du principe de Pascal suffirait à faire prévoir que, sur toutes les *autres* parois du vase, la même série de compressions et de dilatations se reproduira, dans le même ordre. Si je suis dans la chambre, toute la surface de mon corps fait partie des parois de la chambre et subit cette série oscillatoire de pressions et de dilatations ; or une partie de ma surface est précisément de nature à être impressionnée par ces oscillations, et, grâce à mon oreille, j'*entends* le diapason qui vibre à une certaine distance de moi. Tout cela demanderait à être serré d'un peu plus près ; le fait certain est que j'*entends* le son produit par le diapason, et que j'entends un son différent pour des diapasons différents. Et cette remarque étend *en dehors* du corps solide élastique les liaisons que nous avons tout à l'heure constatées à son intérieur. Quand un ouvrier coule, dans un moule ad hoc, un diapason donnant le *la,* son acte, qui attribue, à une masse d'acier en voie de solidification, une forme macroscopique déterminée, condamne par là-même, et à perpétuité, les éléments particulaires de cette masse d'acier à ne vibrer jamais qu'en donnant le *la*. En outre, toutes les fois qu'un choc extérieur ébranlera le diapason, cet instrument vibrant communiquera à l'air de la chambre le mouvement oscillatoire caractéristique, et toutes les parois solides de cette chambre recevront, suivant le type *la,* une série d'accroissements et de diminutions de pression. Si quelques-uns des corps de cette paroi sont susceptibles, eux aussi, de donner le *la,* ils entreront en vibration sous l'influence de ces pressions ; ce seront les *résonateurs* du diapason ; au contraire, les autres corps qui, en vibrant, donnent une autre note, étoufferont bien vite les oscillations reçues. Quoi qu'il en soit, voilà qu'un facteur du sort ultérieur de tous les objets placés dans une chambre sera déterminé par le seul fait qu'un ouvrier aura coulé un diapason dans un certain moule; toutes les fois que ce diapason sera heurté, les objets placés dans la chambre recevront le son *la*. Et ceci est vrai, non seulement pour le diapason, mais pour tous les corps solides quels qu'ils soient. Chacun d'eux, d'après la forme que le *hasard* lui aura donné, imposera à son intérieur et à son voisinage, toutes les fois qu'il sera heurté, le mouvement vibratoire caractéristique de sa forme. Un corps solide a donc une individualité qui joue un rôle dans tous les événements auxquels ce corps est mêlé à partir du moment où s'est achevée l'éducation qui lui a donné cette individualité.

Les réflexions que nous venons de faire ont une autre conséquence; elles nous montrent l'importance des mouvements vibratoires dans l'histoire des corps solides; et cela est bien naturel, car un corps solide est solide à cause de certaines *liaisons* entre ses parties constitutives; or le mouvement vibratoire est le mouvement que prend le corps sous l'influence d'une déformation momentanée, qui a *tendu* ses liaisons sans les détruire; du moment que les liaisons faisaient le corps solide, le mouvement qui respecte ces liaisons est *particulier* au corps, lui est personnel si j'ose dire. Il lui est personnel par la *hauteur* qui dépend de sa forme macroscopique et par le *timbre* qui dépend de sa structure microscopique. Cette remarque a un intérêt d'autant plus grand que les considérations les plus générales de la biologie nous ont conduits à considérer la vie comme un enchevêtrement de mouvements vibratoires, le protoplasma vivant comme un *orchestre* formé d'instruments différents suivant les espèces et des mêmes instruments en nombre variable pour les divers individus d'une même espèce[1].

Un autre phénomène aura aussi son importance en biologie. Une masse d'acier fondu rend, nous l'avons vu, un son qui dépend de la forme et des dimensions du moule dans lequel elle a été solidifiée. Or les recherches les plus récentes sur les corps solides ont montré que la structure cristalline particulaire qui se produit dans l'acier au moment de sa solidification, n'est pas définitive ; elle se modifie sans cesse, les petits cristaux ayant une tendance à se trouver remplacés par des cristaux plus gros[2]. Tout le

---

1. Voyez *De l'Homme à la Science*. Paris, 1907.
2. Voyez Maurain: *Les états physiques de la matière*. Paris, F. Alcan, 1909.

monde sait que les mouvements vibratoires interviennent dans la formation des gros cristaux (on empêche les soldats de marcher au pas sur les ponts métalliques pour ne pas déterminer de vibrations trop considérables). Mais alors, il est vraisemblable que des vibrations *différentes* préparent une structure cristalline différente. Et nous sommes conduits ainsi à cette idée que, lorsqu'on coulera de l'acier dans un moule, la forme *macroscopique* du moule aura une influence sur l'avenir de la structure particulaire de la masse d'acier. Nous trouverons ce fait à l'état de loi générale très importante dans l'histoire de l'évolution adaptative des êtres vivants.

CHAPITRE II

HARMONIE ET ADAPTATION

§ 6.

LA FORME INDIVIDUELLE

L'*éducation* d'un corps solide cesse, nous l'avons vu, au moment où ce corps a acquis sa forme de corps solide, soit par solidification d'un liquide, soit par érosion d'un solide préexistant ; ou plutôt, si son éducation ne cesse pas, l'évolution ne s'arrêtant jamais pour aucun corps, on peut dire que son histoire *change,* et que le corps solide, une fois défini, recommence une nouvelle éducation sur de nouveaux frais. La forme qu'a acquise le corps solide au cours des hasards qui ont dirigé son éducation lui donne une individualité durable qui joue un rôle très important dans son évolution ultérieure.

Chez un être vivant, l'éducation dure autant que la vie, et l'on peut dire sans exagération que cette éducation se compose d'une infinité de phénomènes analogues à la solidification d'un corps solide ; en d'autres termes l'éducation totale d'un être vivant est comparable à l'intégrale d'une infinité de petites éducations différentielles dont chacune correspondrait au phénomène capital et révolutionnaire qu'est, pour le corps solide, l'acquisition de sa forme. C'est qu'en effet, l'être vivant construit sa forme à chaque instant, et sa forme actuelle est un facteur très important de la détermination des actes par lesquels il construira sa forme future.

Tout à l'heure, quand il s'agissait d'un corps solide *quelconque,* nous savions que sa forme, entièrement due au hasard, intervenait dans quelques-unes de ses relations extérieures, en particulier dans la détermination du mouvement vibratoire que lui communiquait un choc. Pour l'être vivant, le rôle de la forme est infiniment plus considérable, tellement considérable même que les premiers biologistes ont réservé le nom de fonctionnement aux phénomènes dans lesquels cette forme jouait un rôle. C'était là, d'ailleurs, une restriction regrettable dans le sens du mot fonctionnement ; il y a sans doute, entre l'être vivant et le milieu, des échanges chimiques, dans lesquels la forme du corps joue un rôle nul ou presque nul, et un langage vraiment synthétique doit tenir compte à la fois de *tous* les phénomènes vitaux. Néanmoins, il est bien

certain que lorsque nous racontons l'histoire
d'un homme, nous nous bornons à la narration des déformations que subit son contour
apparent dans le milieu extérieur ; et, si nous
racontons son histoire psychologique, nous
nous préoccupons encore de phénomènes qui
résultent aussi de la forme de son corps, mais
pas cette fois de la forme extérieure seule ;
les facteurs importants dans cette histoire
sont les éléments histologiques de son système sensoriel et nerveux, et surtout l'agencement actuel de ces éléments les uns par
rapport aux autres ; or, cela encore est de la
forme.

Pour un corps solide ordinaire, à moins
qu'il ne s'agit d'une machine fabriquée par
l'homme dans un certain but, les relations
avec l'extérieur étaient peu variées. L'animal
est un mécanisme très complexe dont les
fonctionnements sont au contraire infiniment
divers. On peut dire en toute rigueur qu'un
animal vivant ne fait jamais deux fois la même
chose.

Il est bien évident, pour un biologiste qui
a suffisamment réfléchi, que tous les actes des
animaux sont déterminés par leurs relations
avec le monde extérieur. L'une des premières choses à étudier, si l'on veut faire l'histoire d'un être, c'est donc la *manière* dont
cet être est, à chaque instant, en relation avec
son ambiance. Naturellement, sa forme ex-

térieure se présente immédiatement comme le plus important de tous les facteurs dans cet ordre d'idées. La surface qui limite l'individu divise en effet le monde en deux parties, une partie interne qui est l'être vivant, une partie externe qui est l'ambiance ou milieu. Et c'est par cette surface et par cette surface seule que se font entre l'individu et l'extérieur tous les échanges mécaniques, physiques ou chimiques.

Toutes les parties de la surface du corps ne sont pas également propres à tous les échanges. Seuls les phénomènes de choc, de contact direct, se produisent indifféremment en tous les points de l'individu ; on doit considérer aussi les échanges de chaleur comme pouvant se faire par toute la surface du corps chez les êtres les plus différenciés ; mais, comme nous le constations tout à l'heure pour les vibrations sonores, ces vibrations, qui produisent un effet négligeable dans ses conséquences quand elles frappent un point quelconque de notre peau, sont capables au contraire d'intervenir très efficacement dans notre histoire individuelle lorsqu'elles frappent nos surfaces auditives. Il en est de même pour les vibrations lumineuses et nos surfaces visuelles. La surface du corps d'un animal supérieur est extrêmement hétérogène et, dans l'établissement de ses relations avec l'ambiance, il n'est pas indifférent que telle partie de cette surface soit, plutôt que telle autre, en rapport avec tel ou tel phénomène extérieur. Des vibrations lumineuses arrivant à notre pupille, des ondes sonores frappant nos oreilles, sont importantes pour nous parce que chacun de ces mouvements frappe précisément à la bonne porte.

Nous avons des surfaces sensorielles multiples qui sont autant de fenêtres ouvertes sur de multiples aspects du monde. Pour ne citer que les plus importantes, nous recevons, par des endroits différents du corps, les radiations lumineuses, les vibrations sonores, les impressions gustatives ou olfactives, c'est-à-dire que nous sommes en relation avec des phénomènes se passant à des échelles très variées, depuis l'échelle atomique ou chimique, jusqu'à l'échelle des vibrations du diapason, et même (contact) jusqu'à celle de la dimension même de notre corps. Par ces fenêtres ouvertes, les phénomènes extérieurs à nous agissent sur nous. Nous pouvons étudier cette action à deux points de vue qui, dans la réalité, sont inséparables, et que nous distinguerons seulement pour la facilité de l'analyse :

1° Les phénomènes extérieurs à nous, agissant sur nous, jouent un rôle dans notre histoire (éducation) ;

2° Les phénomènes extérieurs, agissant sur nous, sont connus de nous.

La plupart des philosophes, croyant à la liberté de détermination des actes individuels, attribuent un rôle actif, dans l'influence du monde sur nous, à la conscience que nous avons de cette influence. Mes réflexions biologiques m'ont conduit au contraire à penser que l'épiphénomène de conscience est un témoin inactif, et à me dire que, si la matière avait été dépourvue de la propriété de conscience, l'évolution aurait suivi la même marche. Je commencerai donc l'étude de l'action du monde sur nous et de son rôle dans notre éducation tant spécifique qu'individuelle, sans faire intervenir en rien, dans cette étude, le fait que nous avons conscience de quelques-uns des phénomènes dont nous sommes le siège. Naturellement, ceux qui pensent autrement que moi à ce sujet pourront sans difficulté intervertir l'ordre des paragraphes.

§ 7.

LE POINT DE VUE

Je montrais tout à l'heure comment un diapason, ou un corps solide quelconque se trouvant dans l'air, envoie à son ambiance, chaque fois qu'il subit un choc, le reflet sonore de sa personnalité. Faciles à étudier dans le détail, les vibrations de l'échelle acoustique ne jouent pas dans l'histoire des êtres vivants un rôle aussi important que celles de l'échelle optique. Partout où il y a de la lumière, tous les corps ayant une forme envoient en permanence, dans le milieu qui les entoure (même sans qu'il y ait d'atmosphère gazeuse ; l'éther suffit et il est partout) envoient, dis-je, dans leur ambiance, une réplique très précise de leur forme extérieure. On le démontre aisément en plaçant, n'importe où, un appareil photographique. Le contour de l'objectif découpe, dans l'ensemble des vibrations en nombre infini qui traversent le monde, une image très précise de tous les contours extérieurs des objets situés dans ce qu'on appelle son champ d'action, son champ visuel. Nous trouvons cette image sur le fond de l'appareil ; nous savons l'y fixer par des procédés chimiques. Dans l'observation de la photographie ainsi obtenue, une particularité me frappe immédiatement, c'est que l'endroit où a été placé l'objectif de l'appareil est devenu ce que nous devons appeler de toute rigueur *un point de vue*. Ce qui se dessine sur la plaque photographique, ce n'est pas la *forme* dans l'espace des objets photographiés — cela ne se pourrait pas, puisque cette forme est dans l'espace, — mais bien le contour apparent de tous ces objets vus du centre optique de l'objectif ; en langage géométrique, l'image obtenue représente la section, par un plan, d'un cône ayant pour sommet ce centre optique, et dont les génératrices seraient tangentes à tous les corps considérés (plus, naturellement, tous les détails provenant des jeux de lumière et d'ombre). En un mot, le fait que la lumière se propage en ligne droite entre en jeu dans le dessin de l'image photographique, et, par conséquent, le point de vue choisi modifie le dessin obtenu.

Ainsi, par l'intermédiaire du point de vue choisi, il s'établit, entre des objets quelconques situés dans l'ambiance, des *relations* qui dépendent de ce point de vue. Par exemple, pour un point de vue placé où est mon œil en ce moment, le bouton de mon presse-papier se profile sur l'aiguille de mon baromètre à l'endroit où est écrit le mot *variable*. Si je bouge, le bouton se promène sur le cadran et vient recouvrir le mot *sec*, avec lequel il n'a, dans l'espace, aucune accointance particulière. Évidemment, ce fait optique n'influence aucunement la marche de mon baromètre qui continue à marquer *variable* absolument comme si je ne le regardais pas. Mais imaginez un appareil photographique lié à un mécanisme capable de diriger automatiquement un fusil, l'œil d'un chasseur, par exemple, et voilà un pauvre oiseau tué pour une simple affaire de point de vue!

Du moment que les vibrations lumineuses

agissent sur l'animal dont elles ont frappé l'œil, du moment qu'elles entrent en ligne de compte dans l'éducation de cet animal, dans la détermination de ses mouvements et de ses actes en général, du moment que l'animal s'agite dans le monde et y agit, il n'est pas indifférent, pour un objet extérieur quelconque, de s'être trouvé, par rapport à l'œil de cet animal, sur la même ligne droite que tel ou tel autre objet. En d'autres termes, l'existence, dans un milieu, d'un animal doué d'organes des sens, crée à chaque instant, entre les objets du milieu, des *liaisons* qui, sans l'animal, n'eussent pas existé. Le fait que les animaux *se remuent* parmi les corps de l'ambiance suffirait à leur donner un rôle fort important dans la disposition de ces corps qu'ils peuvent, à chaque instant, heurter et déplacer. Le fait qu'ils ont des fenêtres ouvertes sur le milieu, fenêtres par lesquelles les événements du milieu interviennent à chaque moment dans la détermination même des mouvements de ces animaux, augmente l'importance du rôle des êtres vivants dans l'évolution des choses.

Grâce à ces fenêtres, en effet, des liaisons nouvelles s'introduisent dans le monde ; le domaine du *hasard* proprement dit se restreint. Nous avons précédemment donné une définition provisoire du hasard, dans l'histoire de la genèse d'un cristal ou d'un corps solide quelconque; nous avons considéré comme appartenant au domaine du hasard les éléments de l'ambiance qui intervenaient dans la fabrication du corps solide, sans aucun rapport établi avec les liaisons prévues par la structure même ou hérédité du corps solide. Les êtres vivants, introduisant des liaisons nouvelles entre les phénomènes, nous obligeront à revenir sur notre définition et à lui donner un sens plus étendu. Étudions d'abord l'influence du milieu sur l'évolution des êtres vivants.

§ 8.

FONCTIONNEMENT ET CARACTÈRES ACQUIS

C'est à ces questions de biologie que j'ai consacré la plupart de mes ouvrages ; je ne reviendrai donc que sur celles qui ont un rapport direct avec l'objet de notre étude actuelle.

A un moment précis de son existence, un corps vivant A occupe dans le milieu B un certain espace bien défini, limité par un contour qui est la surface du corps vivant. Il existe, à ce moment précis, entre le corps A et le milieu B, des relations que je représente synthétiquement par la formule symbolique $(A \times B)$.

J'ai choisi, je le répète, un moment précis dans l'histoire des variations incessantes de A ; à ce moment précis, A est quelque chose de bien défini ; c'est un mécanisme, plus ou moins complexe suivant les espèces, mais parfaitement défini à un moment précis de son existence. Maintenant, observons :

A ce moment particulièrement choisi, comme à n'importe quel moment de son existence perpétuellement active et variée, A *fait* quelque chose. Nous disons que A vit, ou que A fonctionne, c'est tout un, du moment que nous prenons le mot fonction dans son sens synthétique. Eh bien ! le fonctionnement de A dépend naturellement de la structure actuelle de A ; c'est évident. La biologie nous apprend que ce fonctionnement dépend aussi de l'état actuel de B ; nous ne pouvons donc représenter ce fonctionnement ni par A seul, ni par B seul, mais par la formule symbolique $(A \times B)$, formule qui comprend à la fois tout ce qu'est A, tout ce qu'est B et toutes les relations existant actuellement entre A et B.

Mais puisque A seul, c'est-à-dire la structure de l'être considéré, avec ses propriétés et ses liaisons intérieures, ne suffit pas à déterminer le fonctionnement, c'est donc qu'il y a dans ce fonctionnement une *part de hasard*, au sens où nous entendions tout à l'heure le mot hasard ; en d'autres termes, des circonstances étrangères à l'individu, et réunies autour de lui pour des raisons indépendantes de lui, interviennent dans la détermination d'une activité qui, d'autre part, est dirigée par la structure de l'individu, c'est-à-dire par des raisons qui sont en lui.

Cette remarque a une importance au point de vue de l'évolution de l'être considéré, à cause de la loi fondamentale d'assimilation fonctionnelle qui régit toute la biologie[1]. Voici cette loi en deux mots :

Un fonctionnement étant défini par la formule symbolique $(A \times B)$, le corps A n'est pas absolument défini en entier par sa structure interne, puisque son activité dépend aussi des relations $(A \times B)$. En présence d'autres circonstances B_1, le même corps A aurait exécuté la fonction $(A \times B_1)$, différente de la fonction $(A \times B)$. Le corps A, exécutant sous l'influence des conditions ambiantes une fonction déterminée, doit donc être considéré comme l'*organe* de cette *fonction*. Et la loi d'assimilation fonctionnelle revient à dire que c'est *en tant qu'organe de la fonction* $(A \times B)$ que le corps A *assimile*. Toutes les parties de A ne sont donc pas le siège du même phénomène d'assimilation ; ce phénomène est d'autant plus important dans une

---

[1]. J'ai exposé d'abord cette loi dans la *Théorie nouvelle de la vie*, mais je lui ai donné une expression plus rigoureuse dans les *Éléments de Philosophie biologique*.

partie du corps que cette partie du corps remplit elle-même un rôle plus important dans l'organe qu'est actuellement le corps A. Si une partie du corps A n'intervenait pas dans le fonctionnement, elle serait le siège d'un phénomène d'assimilation absolument nul, tandis que telle autre partie, jouant au même moment un rôle important, bénéficierait au contraire d'une assimilation considérable. En décomposant artificiellement le fonctionnement d'ensemble en fonctionnements de parties du corps, on dira donc qu'une partie qui fonctionne se développe, tandis qu'une partie qui se repose ne se développe pas. Et par conséquent, en définissant la fonction d'ensemble $(A \times B)$, le milieu B prépare le développement plus considérable de certaines parties du corps A en attribuant à ces parties un rôle plus important.

Une fois le fonctionnement terminé, le corps est devenu (A_1), et A_1 est différent de A à cause du fonctionnement même qui vient de se réaliser. Ainsi, dans cette construction perpétuelle de son corps, qu'est la vie d'un individu déterminé, le milieu sans cesse variable qui entoure l'être vivant amène à chaque instant un facteur qui n'était pas prévu dans la structure de l'être lui-même. Cette particularité introduit donc, dans l'histoire de l'individu une part de hasard sans cesse renouvelée; ce qui me faisait dire tout à l'heure que l'*éducation* d'un être vivant dure aussi longtemps que lui.

Si les circonstances extérieures à l'individu sont absolument quelconques et varient à chaque instant sans être jamais soumises à aucune loi, le résultat des assimilations fonctionnelles successives ne sera jamais de modifier profondément, dans un sens donné, le type de cet individu. Les organes successifs que constituent l'individu soumis à ces circonstances infiniment variables, donneront en effet, successivement, des importances équivalentes aux diverses parties de l'individu ; c'est ce que l'on appelle souvent le développement normal de l'être. Supposons au contraire qu'à un certain moment un facteur nouveau s'introduise dans le milieu, facteur jouant un rôle considérable dans la détermination des fonctionnements individuels, et que ce facteur nouveau persiste. A partir de ce moment, il y aura sans cesse certaines parties de l'être qui seront soumises à une activité plus grande entraînant un développement plus grand de ces parties au détriment d'autres parties moins favorisées. L'individu, pris dans son ensemble, subira donc une modification dans la valeur relative de ses divers éléments. Ainsi, en s'*habituant* à exercer une certaine fonction, l'individu se modifiera progressivement au point de devenir l'*organe* de cette fonction.

Je ne veux pas m'étendre davantage sur ces considérations de biologie générale, mais il est une remarque que nous pouvons faire facilement en établissant un parallèle entre l'évolution d'un corps solide et celle d'un être vivant. Tout à l'heure, à propos du diapason, nous constations que, une fois terminée, la première éducation du corps solide, celle qui lui donne sa forme définitive, intervient dans l'avenir même de l'état structural des couches profondes de ce corps solide. La forme imposée à un diapason a un retentissement, par suite des possibilités vibratoires qu'elle limite, sur l'histoire de la cristallisation progressive qui se poursuit dans la substance même du diapason. La forme imposée à un corps vivant par suite de l'accoutumance à des conditions données, est beaucoup moins superficielle que celle dont un corps solide est revêtu dans un moule ; cette forme comprend des modifications internes aussi bien que des modifications apparentes à l'extérieur ; quoi qu'il en soit, à partir du moment où elle est *fixée* dans l'individu par une habitude assez prolongée, elle intervient sans cesse, par son existence même, dans tous les fonctionnements ultérieurs dont l'individu est le siège ; elle y apporte, si j'ose m'exprimer ainsi, une certaine *contrainte*. De même, tout à l'heure, la forme du diapason imposait la *note* suivant laquelle le diapason pouvait vibrer. Et, par un phénomène de réciprocité analogue à ceux dont la physique nous a fourni naguère de si précieux exemples, de même que le patrimoine héréditaire intervient, pour une part très considérable, dans la construction de l'individu d'ensemble, de même, une déformation imposée par les conditions extérieures à la forme d'ensemble d'un individu, peut retentir à la longue sur le patrimoine héréditaire. Ce retentissement se fait par plusieurs étapes intermédiaires, à l'échelle cellulaire, puis à l'échelle colloïde ou protoplasmique, pour arriver quelquefois jusqu'à la modification chimique de l'hérédité individuelle.

Ces deux phénomènes parallèles, celui que nous avons constaté chez le diapason, et celui qui constitue chez les êtres vivants l'hérédité des caractères acquis[1], peuvent se raconter de la même manière en faisant intervenir la notion de *contrainte*. On pourrait dire d'une manière à peu près générale[2], que *la nature a horreur de la contrainte*. Quand on exerce une contrainte sur un corps, la structure intime de ce corps se modifie petit à petit de manière à rendre moins sensible l'effet de la contrainte exercée. Si vous pliez un ressort, en l'assujettissant au moyen d'un cran d'arrêt,

---

1. V. *Traité de Biologie*.
2. Au moins pour les corps solides et les corps vivants.

la contrainte, d'abord très forte à cause de la structure de l'acier, le deviendra de moins en moins ; si, au bout de plusieurs années, vous lâchez le cran, le ressort, au lieu de bondir comme il l'eût fait au début de l'expérience, pour revenir à sa position première, le fera beaucoup plus mollement, si même il y revient jamais. La contrainte, mesurée au dynamomètre, aura donc sensiblement diminué. Au bout d'un temps assez long, la contrainte sera devenue nulle ; le ressort, si on lâche le cran, ne bougera pas ; il aura pris le pli, c'est-à-dire que sa structure moléculaire se sera arrangée de telle manière qu'elle s'accommode *sans contrainte* de la forme courbée du ressort.

C'est l'histoire de l'hérédité des caractères acquis. Quand une forme nouvelle est imposée à un individu, la contrainte résultante gêne son état protoplasmique et son patrimoine héréditaire qui, en dehors des conditions extérieures ayant fait naître cette forme, eussent construit pour l'être une forme différente. Si cette forme nouvelle est imposée longtemps à l'individu, des variations se font en lui à l'échelle protoplasmique, de manière à agir dans le sens de la diminution de la contrainte. En d'autres termes, il y a adaptation progressive de la substance vivante au moule qui lui est imposé. Si une adaptation totale est possible, s'il existe une variation chimique du patrimoine héréditaire correspondant précisément à l'anéantissement total de la contrainte, cette variation chimique se produit un jour; à partir de ce moment, il n'y a plus de contrainte du tout, c'est-à-dire que le patrimoine héréditaire est adapté à la forme acquise; et, par conséquent, quand ce patrimoine héréditaire sera chargé de construire un nouvel individu, il lui donnera naturellement cette forme acquise, *même en dehors des conditions extérieures qui avaient déterminé chez les ancêtres la contrainte originelle.*

Ce merveilleux fait de réciprocité est fondamental dans l'histoire des espèces. Nous avons vu tout à l'heure le rôle des relations dans l'échelle ascendante; c'est le théorème morphobiologique expliquant comment un patrimoine chimique dirige l'état colloïde à l'échelle protoplasmique, puis la forme cellulaire et enfin la forme individuelle. Nous assistons maintenant à la réciproque du théorème, les variations de forme macroscopique pouvant retentir, par les relations de l'échelle descendante, jusque sur le patrimoine héréditaire chimique.

Grâce à ces relations établies d'une part entre l'échelle chimique et l'échelle humaine, d'autre part entre l'échelle humaine et l'échelle chimique, on conçoit que l'histoire d'une lignée puisse être à volonté considérée, soit comme l'histoire successive de tous les indi vidus vivants de cette lignée, soit au contraire comme l'histoire chimique d'un patrimoine héréditaire. En effet, à un moment quelconque de l'histoire de la lignée, le patrimoine héréditaire dirige, de concert avec les conditions extérieures, la construction du mécanisme macroscopique qu'est l'individu vivant; mais si les conditions extérieures imposent une variation à ce mécanisme, la contrainte qui en résulte aux échelles inférieures retentit *parfois* jusqu'au patrimoine héréditaire et introduit ainsi un facteur nouveau dans toute l'histoire ultérieure de la lignée.

Ainsi, les événements, les contingences résultant des conditions fortuites de milieu pourront quelquefois laisser une trace définitive dans tout l'avenir d'une descendance. Mais cela n'aura pas toujours lieu. On pourrait, relativement à une lignée, diviser les événements en deux catégories :

1° Les événements qui ont exercé sur les échelles inférieures de l'être une contrainte passagère (ou même une contrainte durable à laquelle ne correspondait aucune variation possible de patrimoine héréditaire); alors l'influence des événements sera purement individuelle; sa trace persistera plus ou moins longtemps dans l'histoire de l'individu qui y a été soumis, suivant que l'influence aura été plus ou moins durable (souvenir, habitude); mais cette trace ne persistera pas au delà de la vie individuelle du moment qu'elle n'aura pas atteint le patrimoine héréditaire qui est transmis aux descendants.

2° Les contingences qui ont réalisé une contrainte durable susceptible de déterminer une variation *correspondante* dans la structure chimique de l'individu. Alors, la trace de ces contingences se perpétuera dans la lignée (hérédité des caractères acquis), et l'on verra se produire longtemps, par exemple, des pieds palmés chez des animaux terrestres dont les ancêtres ont habité pendant plusieurs générations la surface des eaux.

Ces relations de réciprocité, établies par la nature même du phénomène vivant, entre des faits se passant à l'échelle mécanique ou humaine et des faits se passant à des échelles très inférieures, jouent donc un rôle de première importance dans l'histoire de l'évolution qui, sans elle, serait incompréhensible. Elles nous intéressent encore à un autre point de vue, parce qu'elles établissent à chaque instant des liaisons entre des phénomènes d'échelles différentes qui, sans l'intermédiaire du corps vivant[1], s'ignoreraient indéfiniment les uns les autres, et se produiraient à chaque instant, les uns près des autres, sans retentir aucunement les uns sur les autres. Arrêtons-nous un instant à ces considérations.

---

1. Ou, dans certains cas plus restreints, du corps solide.

§ 9.

L'ÉGOÏSME ANIMAL

Un corps solide soumis à des chocs prend un mouvement vibratoire caractéristique de sa forme, et impose ce mouvement vibratoire à ses parties constitutives; mais s'il est en relation avec un phénomène physique d'une autre dimension qu'un choc d'échelle mécanique, s'il est éclairé par de la lumière bleue, par exemple, ou baigné dans des effluves de musc, sa forme n'intervient aucunement pour transporter jusqu'à ses particules constitutives le reflet de ce phénomène optique ou chimique. Au contraire, un animal supérieur a des fenêtres ouvertes sur des phénomènes extérieurs se produisant aux échelles les plus diverses. Par toute sa surface il est accessible aux chocs et aux échanges de chaleur; il est soumis par ses oreilles à l'influence des phénomènes sonores; par ses yeux à celle des lumières les plus variées. Les particules odorantes l'influencent par l'intermédiaire de son nez; les corps chimiques dissous agissent sur les papilles de sa langue.

Et toutes ces énergies si diverses, dont chacune entre par la porte qui lui est ouverte, sont le point de départ de phénomènes *de même ordre*, qui parcourent l'organisme en tout sens, les influx nerveux. Ainsi, en chaque point d'un animal supérieur, se manifestent, sous forme d'influx nerveux, des répercussions de phénomènes extérieurs se passant aux échelles les plus variées. On pourrait dire, dans un langage imagé, que l'être vivant transforme en une seule forme d'énergie, l'influx nerveux, toutes les formes d'énergie qui, du milieu ambiant, peuvent influencer ses éléments sensoriels. Cette manière de parler, qui n'est peut-être pas à l'abri de toute critique[1], a du moins l'avantage de faire comprendre d'un seul coup le rôle de *totalisateur* que joue l'animal dans l'ambiance. Des énergies de dimensions inconciliables se transforment dans l'individu en des influx nerveux qui sont, sinon identiques et additionnables, du moins du même ordre de grandeur.

Or, les influx nerveux qui parcourent l'organisme vivant jouent un rôle de première importance dans la détermination du genre d'activité de chacune de ses parties, dans ce qu'on appelle le fonctionnement de ces parties. D'autre part, en fonctionnant, c'est-à-dire en agissant, en se remuant, etc..., l'animal joue un rôle dans le milieu ; il n'est donc pas sans intérêt pour les corps du milieu que les phénomènes dont ils sont le siège, impres-

---

1. Surtout à cause de ce qu'on appelle l'énergie spécifique.

sionnant les organes des sens de l'être vivant, jouent un rôle considérable dans la détermination de son activité. Cela crée, je le répète, des liaisons entre des faits qui sans cela se seraient éternellement ignorés.

Voici un morceau de musc à côté d'un livre ; ce voisinage n'est important ni pour l'un ni pour l'autre de ces deux objets ; mais si un homme vient pour lire le livre, il jettera le morceau de musc par la fenêtre ; et ainsi, par l'intermédiaire de l'homme, le livre aura agi sur le morceau de musc. L'homme déplacera le miroir qui, appliqué derrière le livre lui renvoie dans les yeux la lumière du soleil, et ainsi, le livre aura agi sur le miroir; etc., etc...

Les actes des animaux sont déterminés par des sons, par des lumières, par des chocs, par des odeurs, etc., et, par conséquent, quand un homme entre quelque part, il crée des liaisons entre ces énergies d'échelles différentes qui, jusque-là, s'ignoraient. Mais il faut bien remarquer que ces liaisons, introduites par l'homme entre des corps qui s'ignorent, n'ont d'intérêt que pour l'homme lui-même. L'action de l'homme sur le monde est parfaitement égoïste ; elle est avantageuse pour l'homme parce qu'il est coordonné et parce qu'il est intelligent. La coordination et l'intelligence donnent aux animaux une place à part dans l'univers.

§ 10.

COORDINATION ET MALADIE

La coordination est le fruit de l'évolution adaptative ; elle est inscrite, partiellement au moins, dans le patrimoine héréditaire des individus, ainsi que le prouve l'éclosion d'un poussin qui sort de l'œuf avec des organes adaptés à la vie dans un monde *extérieur à l'œuf*. C'est l'hérédité des caractères acquis qui a produit cette merveille au cours des siècles. J'ai étudié ailleurs l'évolution lamarckienne des espèces ; les quelques considérations des paragraphes précédents suffiront à en faire saisir le mécanisme d'ensemble.

Aujourd'hui le théorème morphobiologique suffit à expliquer que le patrimoine héréditaire, construisant le corps de l'animal, en fasse en même temps un mécanisme coordonné. Je le répète, l'exemple du poussin qui sort de l'œuf est admirable.

A chaque instant de l'évolution individuelle de l'être, le patrimoine héréditaire dirige, en chaque point de l'individu, la forme protoplasmique ; celle-ci dirige la forme cellulaire qui construit le mécanisme d'ensemble. Chaque région de la surface du corps est adaptée à des phénomènes extérieurs d'une échelle correspondante. Et le retentissement nerveux, déterminé par les agents extérieurs qui pénètrent dans l'organisme, chacun à travers sa fenêtre propre, se traduit par des mouvements qui sont utiles à la conservation de la vie individuelle. Tout cela est parfaitement réglé. Chaque élément du corps n'agit que sous l'influence d'ordres nerveux venus des centres ; aucune cellule du corps n'a d'intérêts individuels[1] ; tout va comme sur des roulettes ; c'est l'état de *santé* ; à cet état, tout est adapté ; il n'y a pas de contrainte, donc pas de douleur ; on est bien portant.

Naturellement, l'une des conséquences de l'état de santé est que le milieu intérieur de l'organisme reste favorable à la vie individuelle des éléments cellulaires ; c'est seulement à condition de trouver dans le milieu intérieur des conditions habituelles et favorables, que les cellules obéissent passivement aux ordres nerveux et limitent leur activité à celle de rouage d'un mécanisme supérieur dont le fonctionnement d'ensemble a précisément pour résultat d'entretenir la constance du milieu intérieur. Du moment que ces cellules, envisagées individuellement, se trouvent dans une ambiance constante, elles n'y subissent aucune contrainte et ne tirent des

---

[1]. Du moins les cellules constructives du corps, celles qui ont une place fixée dans l'organisme.

événements de l'ambiance (milieu intérieur de l'individu) aucune raison de modifier leur attitude : elles sont donc absolument attentives aux ordres nerveux qu'elles reçoivent et qui les incitent à agir pour le plus grand bien de l'organisme d'ensemble vaguant dans un milieu extérieur qu'elles ignorent.

Voilà pour l'état de santé : coordination parfaite ; vie parfaite.

Mais la maladie, c'est l'anarchie cellulaire.

Que, par suite d'un accident, quelques-uns des éléments histologiques soient momentanément hors d'état de remplir leur rôle habituel de rouage, il en résultera pour l'ensemble un fonctionnement défectueux, et le renouvellement du milieu intérieur de l'individu ne sera pas parfait ; ce milieu changera donc ; le même résultat est obtenu si, par une injection hypodermique, un opérateur introduit dans le milieu intérieur une substance inaccoutumée. Dans mon « Introduction à la pathologie générale », je n'ai étudié comme maladies que celles qui provenaient de l'introduction, dans le milieu intérieur de l'être, d'un corps étranger vivant ou non vivant. On m'a reproché cet exclusivisme, et on a eu tort. Que ce soit par introduction directe d'un corps étranger dans le milieu intérieur de l'individu, ou que ce soit comme conséquence d'un fonctionnement irrégulier, anormal, de quelques-uns des éléments histologiques, il y a toujours, en cas de maladie, une variation dans le milieu intérieur qui baigne les divers éléments histologiques. On pourrait dire sans exagération, le sang n'étant jamais normal chez un malade, que toute maladie est une maladie de sang.

Quoi qu'il en soit de cette question de définition, il n'en est pas moins vrai que toute maladie est une anarchie cellulaire ; il n'y a même pas d'autre définition de l'état de maladie.

Au lieu de se trouver dans un milieu accoutumé, et d'obéir à la seule contrainte qui provient des influx nerveux, les cellules d'un organisme malade ont à lutter, chacune pour son compte, contre des dangers résultant pour chacune d'elles de la composition anormale du milieu. Alors, au lieu d'être un individu coordonné comme à l'état de santé, l'animal supérieur n'est plus qu'un champ de bataille, sur lequel, des éléments cellulaires ayant recouvré leur individualité, se battent pour leur propre compte sans souci de la coordination. Un homme bien portant est un individu, dans lequel tout est dirigé d'en bas par le patrimoine héréditaire en vertu du théorème morphobiologique. Un homme malade est une colonie, dans laquelle les individus sont de l'échelle cellulaire. L'anarchie est plus ou moins grave suivant que la maladie est elle-même plus ou moins grave. S'il ne

restait pas du tout de cordination, l'animal
serait mort ; il continue à vivre tant qu'il y
a une coordination suffisante pour empêcher
que le milieu intérieur s'écarte trop consi-
dérablement de la normale ; le malade est
guéri quand il y a de nouveau adaptation des
cellules au milieu intérieur, et que l'anarchie
cellulaire disparaît ; la coordination nouvelle
est généralement différente de l'ancienne,
mais elle est encore caractérisée, pour l'individu qui en est le siège, par un état de bien-
être qui indique l'absence de contrainte. Ordinairement, l'une des particularités de l'état
nouveau du malade guéri est qu'il est devenu
réfractaire à la maladie dont il est guéri. Je
me suis servi de ces phénomènes pour mettre
d'accord les Lamarckiens et les Darwiniens[1],
en considérant la coordination de l'individu
total comme un résultat d'une sélection réalisée à l'échelle cellulaire. J'ai tenu à donner
ici cette nouvelle définition de la maladie,
pour mieux faire comprendre ce que c'est
que la coordination, en analysant les cas où
cette coordination est momentanément trou-
blée et détruite.

La coordination, chez un individu bien portant, est une conséquence directe de l'influence morphogène du patrimoine héréditaire.
C'est l'origine des espèces qui nous explique

---

1. V. *Lamarckiens et Darwiniens*. Paris, F. Alcan, 1899.

la genèse progressive de la coordination. Le patrimoine héréditaire d'une lignée a, de tout temps, construit des individus sur le modèle spécifique de l'époque. Ce modèle spécifique s'est perfectionné en tant que mécanisme, par adaptation progressive à des circonstances nouvelles ; l'hérédité des caractères acquis a introduit, dans le patrimoine héréditaire, des variations chimiques liées à ces caractères acquis par un lien de réciprocité ; et c'est pour cela que, de nos jours, un jeune poussin sort, tout armé pour la vie, d'un œuf sur lequel pèse l'histoire adaptative d'une lignée mille fois séculaire.

§ II.

INTELLIGENCE ET LIAISONS

Je terminais l'avant-dernier paragraphe en disant que l'homme est coordonné et intelligent ; nous venons d'étudier la coordination ; abordons maintenant la question de l'intelligence.

En même temps, nous commencerons l'étude du second point sur lequel j'attirais l'attention à la fin du premier paragraphe de ce chapitre ; nous avons vu en effet comment les phénomènes, extérieurs à nous, jouent un rôle dans notre histoire ; nous allons voir maintenant que « les phénomènes agissant sur nous sont connus de nous ».

A vrai dire, il serait possible et même peut-être avantageux, d'étudier l'intelligence au point de vue purement objectif, sans nous demander si les animaux qui en sont doués ont *conscience* de l'expérience dont ils tirent parti. Pour l'étude du hasard, qui est notre but, il me semble préférable de mêler l'étude de la conscience et celle de l'intelligence, quitte à jeter ensuite sur le monde un coup d'œil d'ensemble dans lequel il ne sera plus tenu compte des épiphénomènes de notre subjectivité.

Les différentes fenêtres qu'ouvrent sur le monde extérieur nos diverses surfaces sensorielles apportent dans notre individu un reflet de l'état actuel du monde extérieur, comme un objectif photographique dessine une image au fond de la chambre noire ; mais dans cette réplique du monde extérieur que nous fournissent nos organes des sens, il n'y a pas seulement des phénomènes optiques comme dans la photographie ; nous sommes touchés aussi par des phénomènes thermiques, mécaniques, sonores, chimiques, etc. Et tous les influx nerveux dans lesquels se traduisent ces phénomènes divers interviennent pour déterminer à chaque instant notre activité totale, notre fonctionnement d'ensemble.

Les modifications, qu'apporte dans notre organisme le reflet des phénomènes de notre milieu, constituent ce que nous appelons notre *expérience* des phénomènes extérieurs. Cette expérience n'est pas actuelle et extemporanée ; elle détermine des transformations plus ou moins durables de nos organes, et généralement, quand nous parlons de notre expérience, nous comprenons sous cette appellation, non pas l'influence même des phénomènes sur nous, mais la trace que cette influence a laissée en nous (souvenir, habitude, etc.). Un animal qui a vécu longtemps dans un milieu a été influencé dans son évolution par ceux des phénomènes extérieurs qui ont été capables d'agir sur lui grâce à ses organes des sens ; et cette *expérience* du milieu intervient évidemment dans la détermination de ses actes ultérieurs, puisque ses actes dépendent de son mécanisme et que l'expérience est inscrite dans le mécanisme.

On donne le nom *d'intelligence* au fait que le rôle de l'expérience acquise dans un milieu est *utile* à l'animal qui continue de vivre dans ce milieu ; on dit qu'un animal est intelligent quand il *tire parti de son expérience* passée, au cours de sa vie ultérieure.

Si, par exemple, je me suis brûlé à de l'ortie, et si j'ai un souvenir suffisant de la forme des feuilles qui m'ont brûlé, j'éviterai de m'y brûler une seconde fois quand j'en aurai l'occasion. Et ainsi, grâce au souvenir, il me sera permis de dire que des événements passés jouent un rôle déterminateur dans mes actes présents. En réalité, ce n'est là qu'une manière de parler ; ce qui joue un rôle dans la détermination de mes actes, c'est ma structure actuelle, dans laquelle est inscrite l'expérience du passé. Néanmoins, le fait que je tire parti de mon expérience, me permet de dire que les événements passés sont *présents* à ma mémoire, et cela crée, par mon intermédiaire, des liaisons entre le passé et le présent.

Ainsi, l'animal intelligent (et, à mon avis, l'idée d'intelligence est inséparable de l'idée de vie) introduit des liaisons, non seulement entre des événements actuels qui, sans lui, s'ignoreraient, mais même entre les événements actuels et d'autres événements passés auxquels l'animal a été mêlé. En réalité, on pourrait en dire autant d'un corps solide quelconque ; les événements qui lui ont donné sa forme (par exemple les contours du moule dans lequel il a été coulé) jouent un rôle dans tous les phénomènes ultérieurs auxquels participe la forme de ce corps solide ; c'est seulement l'intelligence qui met l'être vivant à part, parce que l'éducation de l'être vivant dure autant que lui, tandis que l'éducation du corps solide peut être considérée comme arrêtée au moment où le corps est solidifié.

Quoi qu'il en soit, l'être vivant actuel introduit entre des phénomènes extérieurs à lui, grâce à sa structure actuelle, des liaisons dont il tire parti. Voilà par exemple devant moi deux rochers qui s'ignorent ; les voyant tous deux à la fois, j'apprécie la distance qui les sépare, et je sais que je puis passer entre eux sans me heurter. Ainsi, j'utilise à chaque instant, pour me déterminer à agir, la connaissance du monde qui s'introduit en moi par mes organes des sens, et qui se superpose en moi à d'autres documents inscrits dans mon souvenir.

Si j'étais un corps immobile, les liaisons qui s'introduisent par mon intermédiaire entre les objets du milieu n'auraient aucune importance pour ces objets ; mais je suis actif et remuant, et mon instinct de la conservation me pousse à intervenir, au mieux de mes intérêts, dans les événements extérieurs au milieu desquels ma vie doit se poursuivre. Aussi n'est-il pas indifférent pour l'avenir d'objets quelconques, qu'il y ait ou qu'il n'y ait pas d'animaux dans leur voisinage. L'homme étant le plus intelligent des animaux son influence destructive ou organisatrice se fait sentir plus que celle de tout autre être dans les milieux où il vit en population serrée. L'observateur le plus superficiel remarquerait la différence qui existe entre une *ville* et une *friche*, et, sans même y apercevoir un homme, reconnaîtrait que les matériaux inertes de la ville ont subi une évolution à laquelle l'homme a été mêlé. Cet arrangement de pierres et de bois qui constitue la ville n'a d'ailleurs d'intérêt que pour l'homme qui l'a édifié ; l'œuvre de l'homme est égoïste ; mais il est facile de reconnaître entre les pierres d'angle d'un trottoir, des relations géométriques, qui se sont établies entre des éléments indifférents, par suite de liaisons réalisées entre ces éléments dans la conscience d'un homme. Dans une ville abandonnée et envahie par la forêt, ces relations géométriques n'ont plus aucune raison d'être, aucune utilité pour personne ; aussi ne durent-elles pas bien longtemps, car d'autres activités entrent en jeu.

Partout où il y a un animal doué d'organes des sens, des liaisons naissent entre tous les objets présents, par l'intermédiaire de cet animal. Mais s'il y a plusieurs animaux, et surtout plusieurs animaux d'espèces différentes, il y a autant de systèmes de liaisons qu'il y a d'animaux centres de liaisons. Et ces systèmes de liaisons n'ont aucun rapport les uns avec les autres, à moins qu'il existe des liaisons entre les animaux eux-mêmes, comme cela a lieu dans une société humaine ou une fourmilière. Dans ces derniers cas, il peut y avoir œuvre collective comme cela se passe dans la construction d'une ville. Tenons-nous en au cas d'individus isolés ; ce cas sera d'ailleurs le cas le plus général, car, même vivant en société, les hommes sont des individus distincts, ayant des intérêts distincts.

§ 12.

VIE ET HASARD

Dès le commencement de cette étude, nous avons été amenés, dans le cas infiniment simple de la formation d'un corps solide, à considérer que deux facteurs interviennent dans cette formation. S'il s'agit, par exemple, de la solidification d'un liquide, les deux facteurs en question sont : 1° les propriétés de la substance fondue, propriétés qui pourront notamment déterminer les angles dièdres des cristaux formés ; 2° les circonstances dans lesquelles se fait la solidification, circonstances fournies par le monde extérieur et indépendantes des qualités de la substance solidifiée (forme du moule par exemple). Par une comparaison légitime avec le monde vivant, nous avons donné provisoirement le nom d'*hérédité* au premier facteur ou facteur intrinsèque, et le nom d'*éducation* au second facteur, qui, étranger à la substance solidifiée, est apporté par les circonstances actuelles de milieu. Ce facteur historique, on peut l'appeler le *hasard,* si l'on s'intéresse particulièrement au corps solide en voie de formation, et si l'on convient de séparer son histoire de celle du reste du monde. Évidemment, en effet, dans les facteurs extérieurs qui entrent en ligne de compte dans la détermination historique de la solidification, il serait facile de trouver d'autres liaisons, aussi intéressantes que celles qui existent entre les molécules d'une substance cristalline ; et si nous avions choisi, pour nous y intéresser particulièrement, le corps siège d'une de ces liaisons étrangères au solide, ce serait le solide cristallisant qui, par rapport au corps choisi, ferait partie du hasard. L'histoire du monde est trop complexe pour que nous puissions en faire l'étude synthétique. Dans cette histoire, toutes les liaisons existant sont sans cesse respectées ; mais les nécessités de l'analyse nous obligent à choisir un objet ou un groupe d'objets, dont les liaisons nous deviennent particulièrement chères ; alors, nous appelons *hasard* l'ensemble des facteurs qui interviennent, de l'extérieur, dans l'histoire de l'objet choisi par nous comme sujet d'études.

Nous aurons à nous demander ultérieurement, s'il n'existe pas dans la nature certains objets dans lesquels il n'y ait *aucune liaison* évidente, et dont le sort, si nous nous intéressons à ces objets eux-mêmes et si nous les choisissons pour sujet de nos études, ne puisse rien présenter qui ne soit du pur hasard. Pour le moment, voyons comment se modifie la notion de hasard si nous passons de l'histoire d'un corps en voie de solidification à celle d'une lignée vivante.

C'est pour les corps vivants qu'ont été imaginés les mots *hérédité* et *éducation* ; il sera donc particulièrement facile de raconter l'histoire d'une lignée vivante en utilisant ces deux mots.

A un moment quelconque de sa vie, l'être vivant agit suivant sa structure actuelle sous l'influence des conditions ambiantes, et, agissant ainsi, il fabrique, par assimilation fonctionnelle, ce qui sera sa structure au moment immédiatement ultérieur. Depuis l'œuf jusqu'à l'adulte, la structure individuelle s'enrichit donc *à chaque instant* d'acquisitions qui dépendent de son état actuel et des circonstances ambiantes. C'est seulement dans le langage du calcul intégral que l'on pourrait en conséquence raconter rigoureusement une évolution individuelle, quoique, le plus souvent, au cours d'une telle évolution, il reste quelque chose d'invariable dans l'individu vivant, le *patrimoine héréditaire*. C'est seulement au cours de longues adaptations se prolongeant pendant plusieurs générations, que le patrimoine héréditaire subit, à l'échelle chimique, le contre-coup des variations de l'échelle mécanique. Mais par ce moyen, le *hasard* extérieur à la lignée, intervient jusque dans la genèse de l'hérédité même des individus tard venus dans la lignée. Et ainsi, il devient malaisé, quand on parle d'une lignée prolongée longtemps, de séparer l'éducation de l'hérédité, puisque l'éducation influe sur l'hérédité. Chacun de nous doit se proclamer le fils du hasard, puisque le hasard, au cours des générations dont nous sortons, a modifié jusqu'au patrimoine héréditaire que nous recevons de nos ancêtres. Et c'est ainsi que des êtres d'espèces aujourd'hui *distinctes* peuvent, *par hasard*, descendre d'un ancêtre commun fort ancien. Le hasard est partout, puisqu'il est dans notre hérédité même, mais il faut bien rappeler que le patrimoine héréditaire change lentement par rapport à la durée d'une vie humaine ; nous pouvons donc raisonner rigoureusement comme s'il ne changeait pas, du moins quand il s'agit de phénomènes de courte durée.

A chaque instant, j'agis d'après ma structure actuelle et d'après les conditions ambiantes ; or ces conditions ambiantes sont indépendantes de ma structure ; elles me sont fournies à chaque instant par l'évolution du monde tout entier, évolution dans laquelle je joue un rôle bien minime. Ce n'est pas de ma faute, par exemple, s'il fait du vent ou de la pluie. Si je continuais donc à donner au mot hasard le sens qu'il avait dans l'histoire de la formation d'un corps solide, je devrais dire rigoureusement que j'agis toujours au hasard, puisque les événements qui déterminent à chaque instant mes actions sont extérieurs à moi et ne sont pas prévus dans ma structure.

Cette manière de parler serait rigoureuse; mais nous avons l'habitude de restreindre l'emploi du mot hasard en y faisant intervenir, quand il s'agit d'un animal, la propriété qu'a l'animal d'être intelligent.

Sans doute l'animal ne peut pas prévoir tous les phénomènes avec lesquels il va se trouver aux prises, mais il lui arrive souvent d'en prévoir une partie, et d'en connaître une autre partie assez à temps pour pouvoir agir, vis-à-vis de ces phénomènes, au mieux de ses intérêts.

Quand je vois passer une voiture dans la rue, je prévois, étant donnée sa vitesse actuelle, qu'elle continuera encore quelque temps à se mouvoir dans le même sens; et je me sers de cette prévision pour traverser la rue derrière la voiture en marche et non devant. Je puis me tromper; la voiture peut tourner au moment où je m'y attends le moins, et se jeter sur moi; mais cela n'arrive pas ordinairement, et les chiens eux-mêmes ont l'habitude de passer derrière les voitures en marche, pour traverser les rues.

Cet exemple, si grossier qu'il soit, suffit à nous fournir la formule que nous cherchons. Nous ne savons pas d'avance qu'une voiture va arriver dans le chemin que nous avons à traverser ; cet événement, indépendant de notre structure, entre donc dans la catégorie des phénomènes historiques d'éducation ou de hasard dont nous parlions tout à l'heure ; mais à partir du moment où cette voiture est entrée dans notre champ visuel, en débouchant d'une rue voisine par exemple, notre intelligence est en éveil, et nous *avisons* au moyen de ne pas être écrasés par la voiture. Soit parce que nous nous déplaçons nous-mêmes, soit parce que d'autres corps se déplacent dans le milieu que nous habitons, il arrive à chaque instant que les phénomènes les plus variés *entrent* dans le champ d'investigation de nos organes des sens. Nous faisons immédiatement l'étude de chacun de ces phénomènes, par tous les moyens dont nous disposons, et nous nous appliquons à *prévoir* ce qu'il en adviendra, de manière à tirer parti de cette prévision pour la conservation de notre vie. Notre attention est donc éveillée sans cesse par des *phénomènes qui continuent,* et nous nous efforçons de deviner, d'après les premières étapes de ces phénomènes, par des comparaisons avec d'autres phénomènes analogues enregistrés dans notre expérience, quel en sera l'avenir dans le champ qui nous intéresse, c'est-à-dire dans celui où nous nous mouvons nous-mêmes.

Ce que se propose notre intelligence, en présence d'un phénomène extérieur, c'est donc d'en prévoir l'avenir d'après ce que nous savons de son passé ; en d'autres termes, nous cherchons à établir des liaisons *dans le temps,* entre les diverses étapes d'un phénomène qui dure. Le plus souvent nous sommes complètement désarmés, et nous ne pouvons pas établir de telles liaisons, du moins s'il s'agit de liaisons entre des étapes séparées par un laps de temps considérable. Quand je traverse la place Saint-Augustin, dans laquelle débouchent plusieurs avenues sans cesse parcourues par des automobiles, j'ai toujours l'œil et l'oreille aux aguets ; je surveille le wattman de chaque automobile pour voir de quel côté il va donner son coup de guidon, et je me déplace à chaque instant d'après les documents enregistrés pendant l'instant immédiatement précédent ; ma prévision des faits ne va pas au delà de quelques fractions de seconde, mais cela m'a suffi, jusqu'à présent, puisque je n'ai pas encore été écrasé. Mon expérience de tous les jours m'a en effet appris qu'un véhicule doué d'une vitesse de quinze à vingt kilomètres à l'heure, ne peut pas reculer immédiatement et prendre subitement en sens inverse, la vitesse qu'il avait d'abord en sens direct ; je sais aussi que ce même véhicule à allure rapide ne peut pas tourner trop court, et c'est de ces notions expérimentales précédemment acquises que se sert mon intelligence pour la conservation de ma vie.

Servi par d'excellents organes des sens, j'enregistre donc à chaque instant la marche des phénomènes extérieurs ; je les compare à d'autres phénomènes passés dont mon expérience a enregistré le souvenir, et c'est de cette comparaison, qui se fait en moi en vertu de ma structure actuelle, que résulte ma détermination actuelle. Si je représente mon corps par A, le milieu par B, comme je le proposais précédemment, la formule symbolique $(A \times B)$ qui représente mon fonctionnement à un instant précis, comprend tout ce que je viens de détailler : perception des phénomènes extérieurs par mes organes des sens, comparaison avec des résultats d'expérience enregistrés dans ma mémoire, prévision partielle de l'avenir immédiat des phénomènes extérieurs, conclusion et détermination.

Je le répète, l'enchaînement des faits du monde que nous traversons est ordinairement indépendant de notre propre structure ; Les phénomènes que nous rencontrons sur notre chemin y sont donc le plus souvent amenés *par hasard* ; mais, à partir du moment

où ces phénomènes ont pénétré dans notre
sphère de perception, nous pouvons arriver
à prévoir partiellement, grâce à notre expérience passée, la marche ultérieure de quelques-uns de ces phénomènes, et cette prévision partielle entre en ligne de compte dans
la détermination de nos mouvements. Du
moment donc que les phénomènes en question ont pénétré dans notre sphère d'influence, ils ne sont plus sans liaison avec
nous ; d'une part, en effet, la manière dont ils
se passent s'enregistre en nous par nos organes des sens, et c'est là une première liaison ; d'autre part, par l'intermédiaire de notre
expérience, ces phénomènes sont liés en
nous à des phénomènes passés qui leur ressemblaient ; et notre intelligence se sert de
tous ces documents assemblés pour déterminer notre activité. Mais notre activité elle-même retentit sur le monde ambiant et peut
intervenir pour modifier les phénomènes
dont nous sommes témoins. Et, par conséquent, pour les phénomènes compris dans
notre sphère d'influence, la liaison est réciproque, de nous au monde et du monde à
nous. Il ne saurait donc plus être question là
de hasard, puisque des liaisons interviennent.
Mais ces liaisons, intéressantes pour l'être vivant qui en est le siège, quand cet être vivant
peut prévoir, partiellement au moins, la marche des phénomènes extérieurs, ne le sont

plus aucunement dès qu'il est impossible à l'animal de rien savoir d'avance. Il est donc du plus haut intérêt pour les animaux, que l'expérience acquise par eux leur donne une connaissance aussi exacte que possible de la marche des phénomènes extérieurs ; une première condition pour cela est que ces phénomènes leur soient *familiers*. Un animal est beaucoup mieux armé pour la vie dans un milieu auquel il est habitué depuis longtemps ; s'il se trouve en présence d'un phénomène nouveau, qu'il ne peut comparer à rien de ce qu'il connaît, il se sent dans l'impossibilité de se garer de ce phénomène, et il en a *peur*. C'est ce qui est arrivé par exemple aux chevaux qui rencontraient les premières bicyclettes. La peur provient ordinairement chez l'animal de l'insuffisance de son intelligence ou de son expérience, de l'impossibilité où il est de prendre une attitude raisonnée vis-à-vis des événements extérieurs. Les animaux sauvages, vivant dans des endroits où l'industrie de l'homme n'a rien modifié, ne doivent guère connaître cette peur due à l'inexpérience, et se bornent probablement à redouter les animaux plus forts qu'eux. L'adaptation progressive des êtres au monde, s'étant prolongée pendant des milliers de générations a fini par se transmettre héréditairement, comme je l'ai indiqué plus haut, et c'est ainsi que le jeune poussin, sortant de l'œuf où il ne voyait rien, ne se trouve pas *dépaysé* dans le monde au sein duquel ses ancêtres l'ont petit à petit préparé à faire son entrée. Si l'intelligence consiste à tirer parti de son expérience individuelle, les instincts sont le résumé de l'expérience ancestrale[1] ; il nous est souvent difficile de savoir quelle part nous devons attribuer, dans une détermination, à l'expérience que nous avons acquise personnellement et à celle que nous tenons de nos ancêtres par hérédité. Notre admiration des *harmonies* du monde, tient évidemment, quand nous sommes adultes, à des faits d'hérédité et d'éducation ; l'hérédité seule explique les joies des jeunes poussins voyant le monde extérieur pour la première fois.

Il y a une contradiction choquante entre le fait de l'*adaptation* des individus au monde ambiant, tant par éducation que par hérédité, et mon affirmation de tout à l'heure, que nous avons tous le droit de nous dire « fils du hasard ». Cette contradiction n'est qu'apparente, et va précisément nous permettre de définir plus nettement ce que nous devons appeler le hasard quand il s'agit des animaux.

Sans doute, comme je le disais précédemment, le hasard a joué un rôle dans la direc-

---

[1]. La logique entre dans cette catégorie.

tion des lignées vivantes, puisque aujourd'hui deux animaux peuvent être d'espèces différentes quoique descendant d'un ancêtre commun ; c'est donc qu'ils portent l'un et l'autre la trace de deux séries distinctes d'événements historiques ; ces événements historiques, non liés à la nature héréditaire de chaque animal, peuvent avoir été très différents ; l'une des lignées a pu se propager sur la terre, l'autre dans la mer ; et les structures actuelles des animaux se ressentent de ces divers *hasards* qui ont constitué leur éducation ancestrale. Mais ces événements, qui se sont déroulés dans le monde indépendamment des qualités héréditaires des lignées, les individus de ces lignées n'en ont pas subi l'influence d'une façon *quelconque* ; à chaque instant, ils ont réagi aux circonstances extérieures d'après leur expérience passée et leur intelligence présente ; ils s'y sont adaptés s'ils n'en sont pas morts, c'est-à-dire qu'ils ont connu suffisamment les phénomènes extérieurs pour arriver à en prévoir partiellement la marche et à en tirer parti. Et par conséquent, *s'il y a quelque chose de commun* aux divers phénomènes qui se passent dans le monde, si, malgré leur diversité individuelle, ces divers phénomènes présentent quelques grandes lignes d'ensemble, on pourra prévoir que ces grandes lignes communes auront agi dans toutes les adaptations successives des êtres, et l'on devra en trouver une trace commune dans leurs instincts actuels, c'est-à-dire dans le résultat de leur expérience ancestrale.

Cette remarque a une très grande importance ; elle se vérifie d'ailleurs parfaitement. D'abord, le fait qu'un poussin, sortant de l'œuf sans expérience personnelle et muni uniquement de l'expérience ancestrale, se trouve à l'aise et n'est pas dépaysé dans le milieu qui l'entoure, prouve que les grandes lignes du monde n'ont pas changé depuis que ses ancêtres ont acquis les derniers caractères dont il se sert aujourd'hui. Ensuite, tous les vertébrés terrestres ayant des pattes savent marcher sur leurs pattes, parce qu'ils ont l'expérience ancestrale ou individuelle de la pesanteur ; tous les êtres marins savent nager dans l'eau, et utilisent les propriétés de l'eau avec des appareils individuels très variés. Il y a donc quelque chose de commun à toutes les adaptations des animaux terrestres, et quelque chose de commun à toutes les adaptations des animaux aquatiques. Bien plus, malgré leur parenté plus grande, on peut dire sans crainte que les adaptations d'un vertébré terrestre et d'un vertébré marin sont plus différentes à certains points de vue, que les adaptations d'un vertébré terrestre et d'un insecte, puisque les deux derniers ont en commun les grandes lignes de la terre et de l'air et que les deux premiers connaissent l'un les propriétés de l'air, l'autre les propriétés de l'eau.

L'existence de ces grandes lignes communes aux divers phénomènes se passant dans un même milieu explique seule la possibilité de l'adaptation intelligente qui tire parti de l'expérience individuelle. Pour qu'un animal puisse prévoir le résultat d'un phénomène en le comparant à un phénomène passé et *différent,* il faut qu'entre ces deux phénomènes différents il y ait quelques points communs. Les grandes lignes, communes aux phénomènes d'un milieu, s'appellent des *lois.*

§ 13.

LOIS ET HARMONIE

Un être vivant quelconque, vivant à notre époque, porte le fardeau d'une hérédité séculaire ; il est le résultat, l'aboutissant de l'histoire d'une lignée qui s'est perpétuée sans mourir depuis l'apparition du premier ancêtre de la lignée ; les ancêtres successifs dont il descend ont passé à travers le monde et ont tous réussi, puisqu'ils ne sont pas morts avant de se reproduire, à éviter les causes de destruction résultant des événements du monde ; en d'autres termes, ils se sont *adaptés* aux événements qu'ils ont rencontrés, et ce sont ces adaptations successives qui, retentissant, comme nous l'avons vu plus haut, sur leur patrimoine héréditaire, ont déterminé la formation progressive de ce patrimoine héréditaire actuel, grâce auquel, dans l'espèce *coq* par exemple, un poussin sort de l'œuf armé de pied en cap. Pour que des adaptations à des événements extérieurs *tous différents* aient pu préparer à la lutte contre d'autres événements extérieurs, également différents, il faut, nous l'avons vu, que ces événements extérieurs ne soient pas *quelconques* les uns par rapport aux autres.

Si le monde où a évolué une lignée avait eu une forme rigide, on peut penser que les caractères géométriques de cette forme rigide auraient fini par être connus héréditairement des animaux vivant aujourd'hui. Au lieu d'être rigide et immuable, le monde extérieur est, au contraire, le siège de *phénomènes* innombrables qui en modifient sans cesse la forme et les propriétés. Et néanmoins nous avons actuellement une expérience ancestrale valable, formée en particulier de nos instincts et de notre logique. C'est donc, je ne saurais trop le répéter, qu'il y a, entre les événements infiniment variés du monde, des relations telles que la connaissance de quelques-uns d'entre eux permet de prévoir *quelque chose* des autres.

Dans le premier chapitre de ce livre, nous avons constaté, dans la genèse d'un cristal par exemple, certaines liaisons déterminées par la nature chimique de la substance cristallisante, et qui permettent de prévoir d'avance, en dépit des hasards de l'éducation, quelques-uns des caractères *précis* du cristal qui se formera. Dans ce phénomène très remarquable de la cristallisation, une propriété structurale *actuelle,* la constitution atomique de la substance fondue permet de prévoir certaines lignes d'un phénomène ultérieur. Un groupe de liaisons dans l'espace permet de prédire une série de liaisons dans le temps. Dans la plupart des cas c'est l'observation d'une série de phénomènes dans le temps qui permet de deviner à l'avance certaines grandes lignes d'autres phénomènes qui seront également dans le temps. Nous donnons ordinairement le nom de *géométrie* à une partie de la science des liaisons dans l'espace ; on pourrait y joindre la connaissance des propriétés statiques des corps définis. Au contraire, la science des phénomènes dans le temps, nous l'appelons la *physique* ; une partie de la physique, qui ne concerne que les déplacements des corps définis s'appelle la mécanique.

Un animal mobile quelconque, vivant de nos jours, possède fatalement, tant par expérience ancestrale que par expérience individuelle, un minimum de géométrie, de physique et de mécanique. Il connaît, de ces sciences diverses, les grandes lignes auxquelles il a affaire dans le courant de sa vie individuelle. Sans cela il ne vivrait pas ; chacun de ses gestes exploite une notion de mécanique ; quand il guette une proie avec ses yeux il se sert de la connaissance qu'il a de la propagation rectiligne de la lumière ; le poisson qui nage utilise le principe d'Archimède et des lois très compliquées d'hydrodynamique, etc...

Les Chinois ayant l'écriture idéographique, chaque artisan chinois apprend seulement à écrire ce qui est nécessaire à l'exercice de sa profession ; de même chaque animal connaît, en physique, exclusivement les lois dont il se sert pour exercer son métier spécifique. Les mandarins les plus lettrés savent seuls écrire *tout* ce qui peut s'écrire. Les hommes sont les mandarins du monde animal ; ils ont entrepris de connaître *toutes* les lois de la nature et de les rédiger de manière à permettre au bagage humain de s'accroître à chaque génération. Mais en dehors de ce *patrimoine de l'humanité* qui est la Science, chaque homme, par cela même qu'il est un homme et qu'il vit, possède sous forme d'instincts et de logique des connaissances héréditaires individuelles dont il se sert actuellement. Ce sont ces connaissances héréditaires individuelles qui donnent à chacun de nous le sentiment de l'harmonie de la nature. Les choses se passent autour de nous de telle manière que nous ne pourrions pas concevoir qu'elles se passassent autrement ; et cela est bien compréhensible puisque c'est l'expérience ancestrale de ces choses extérieures qui en a inscrit les lois dans notre mentalité. Ce n'est pas la nature qui est harmonieuse, c'est nous qui sommes en harmonie avec la nature, parce que nous sommes l'aboutissant d'une lignée qui a traversé la nature pendant des milliers de siècles sans être jamais interrompue par la mort.

Ces considérations nous conduisent à nous dire que, malgré l'indépendance dont jouissent, vis-à-vis de nous, les phénomènes naturels dont la succession historique a déterminé notre éducation ancestrale et individuelle, le fait même que nous avons pu en acquérir une certaine expérience prouve que quelques-uns au moins d'entre eux ne se succèdent pas sans liaisons, sans lois. Peut-être en est-il d'autres qui échappent à cette nécessité d'être reliés par des lois ; il faut penser à cette possibilité quand nous essayons de définir le hasard ; il peut y avoir, pour l'homme ou l'animal qui vit dans le monde, des phénomènes dans lesquels le hasard intervient *à divers degrés*. Essayons de donner une définition générale du hasard.

§ 14.

LA DÉFINITION DU HASARD

Un être A vit dans un milieu B ; son activité au moment considéré dépend de A et de B et peut se représenter par la formule $(A \times B)$. Dans la structure A, il y a en particulier le résumé de l'expérience ancestrale ou individuelle de quelques-unes des lois de la nature ; ces lois sont celles des phénomènes avec lesquels A a été assez longtemps en contact, pendant son évolution individuelle ou ancestrale, pour en acquérir une expérience définitive. Dans B il y a tout le monde extérieur, mais une petite partie seulement des événements de ce monde intéresse directement le fonctionnement de A au moment considéré ; ce sont les événements qui se passent dans la sphère d'influence ou de relations de A.

Considérons les phénomènes qui peuvent agir sur A :

Si l'un d'eux pénètre dans la sphère d'activité de A sans que A soit prévenu par ses organes des sens, la rencontre sera dite fortuite pour A ; c'est ce qui arrive quand nous recevons sur la tête une tuile que nous n'avions pas vue tomber. Dans ces circonstances,

A réagit bien encore suivant sa nature, mais se trouve dans un état manifeste d'infériorité ; l'animal est obligé d'accepter la lutte sans avoir pris ses mesures. Alors, il est indifférent pour A que le phénomène appartienne à une catégorie dont il connaît les lois, puisque son intelligence n'a pas été éveillée à temps, et qu'il n'a pas tiré parti de sa connaissance de ces lois. Il rencontre un projectile doué d'une certaine force vive et *subit* passivement le choc. Mis en garde par ses organes des sens, il eût utilisé son expérience de la verticalité de la chute libre, et eût évité un choc dont il éprouvera, suivant les cas, un dommage plus ou moins grand.

Pour l'animal, heurté sans avoir été prévenu, le choc a lieu au hasard ; pour le physicien qui connaît l'univers, le choc a eu lieu en vertu des lois précises de la chute des corps. Ce qui est du hasard pour l'animal pris au dépourvu, n'est pas du hasard pour tout le monde.

Prenons maintenant un animal qui observe, par tous les moyens dont il dispose, tous les phénomènes se passant dans sa sphère d'activité ; il est au courant de *tout* ce qui peut lui permettre de prévoir et d'agir intelligemment d'après ses prévisions. Mais ordinairement, sauf s'il s'agit d'une expérience de physique préparée très soigneusement par un savant, il ne saurait prévoir *tout* ce qu'il a intérêt à connaître. Le nombre des éléments qui entrent en jeu dans le monde extérieur est trop considérable pour que, même dans un intervalle très court, il soit possible à un animal très bien doué de connaître d'avance la marche de tous ces éléments qui s'influencent les uns les autres. Connaissant les lois qu'il a intérêt à connaître, il devine les grandes lignes des phénomènes auxquels il va avoir affaire, mais il en ignore le détail ; il agit donc en prévision de ce qu'il croit devoir arriver, mais il sait qu'il faut compter néanmoins avec un imprévu ; dans toutes les déterminations les plus raisonnées d'un animal, il reste néanmoins une part de hasard. Tel facteur, qui semblait négligeable, prend à l'improviste, par suite d'un concours spécial de circonstances, une importance extraordinaire, et vient déranger les plans de l'être le mieux averti et le plus intelligent.

Évidemment, cette part d'ignorance est préjudiciable à l'individu ; il vaudrait mieux, pour lui, une prévision complète des faits. L'ignorance peut provenir chez lui de diverses causes :

1° Il connaît les lois des phénomènes auxquels il se heurte, mais il ignore les données précises qui lui permettraient de tirer des conclusions de la connaissance des lois ;

2° Les phénomènes qu'il a intérêt à connaître obéissent à des lois qu'il ignore ; remarquons d'ailleurs que cela ne doit pas avoir lieu souvent pour les phénomènes vraiment importants dans l'histoire de l'espèce ; si ces phénomènes étaient fréquents dans le milieu où a eu lieu l'évolution ancestrale et individuelle de l'être considéré, il en est fatalement résulté une expérience plus ou moins approfondie, sans quoi, ces phénomènes étant importants, la lignée aurait été interrompue par la mort. Ce cas ne se produit donc en général que quand un être se trouve en présence de phénomènes *nouveaux* ;

3° Les phénomènes en question n'obéissent à aucune loi. Ce cas d'ignorance est très particulier et mérite de nous arrêter dans la question de la définition du hasard.

Quand il s'agissait de phénomènes obéissant à des lois déterminées, notre ignorance relativement à leur prévision pouvait tenir à deux causes : ou bien nous ignorions les lois de ces phénomènes parce que notre expérience individuelle ou ancestrale n'avait pas été suffisante à leur égard ; ou bien, connaissant les lois, nous ignorions les données du cas particulier auquel nous assistions. Dans ces deux cas, nous agissions au hasard, sans nous servir de notre expérience, et par conséquent sans utiliser notre intelligence, puisque l'intelligence consiste à tirer parti de son expérience ; notre rencontre avec le phénomène en question n'était donc pas prévue par nous ; nous pouvions seulement constater *après coup* le résultat du conflit.

Mais si notre attitude tenait à une ignorance égale dans les deux cas, le résultat d'un grand nombre de conflits semblables devait varier suivant que nous étions placés dans le premier ou dans le second.

Si, en effet, nous ignorions la loi du phénomène parce que nous ne l'avions pas rencontré assez souvent au cours de notre vie individuelle ou ancestrale, nous pouvions espérer qu'une expérience fréquemment renouvelée nous mettrait sur la voie de la découverte de cette loi. Pour employer le langage courant, donnons le nom de *coup* à notre rencontre avec le phénomène en question ; si nous rencontrons souvent le même phénomène, c'est-à-dire si nous jouons un grand nombre de coups, nous pourrons espérer que notre expérience finira par s'enrichir, au sujet de ces phénomènes particuliers, d'une acquisition nouvelle, celle de la loi ou des lois qui les concernent. Cela se produira surtout si nous *préparons* nos expériences, c'est-à-dire si nous faisons un effort suivi pour connaître, dans chaque cas, les données du coup étudié.

Si, au contraire, même connaissant les lois générales du phénomène observé, nous ignorons toutes les *données* qui définissent chaque coup particulier, la connaissance la plus complète de la loi ne nous permettra pas de connaître le résultat de chaque coup pris isolément, du moins si le phénomène étudié est tel que ses données interviennent grandement dans la production de son résultat.

Voici un exemple grossier qui permet de distinguer les deux cas précédents : Avec un miroir, je projette sur un mur la lumière venue du soleil. J'ignore tout au début. Si je me place dans des conditions où la mesure est possible, je ne tarderai pas à connaître les lois principales des miroirs plans. Mes expériences réitérées m'auront conduit à une acquisition nouvelle.

Supposons au contraire que, même connaissant les lois de la réflexion, je ne puisse connaître les données de chaque expérience ; cela arrivera, par exemple, si le miroir est tenu par un étranger que je ne vois pas. Il me sera impossible de prévoir l'endroit où la lumière va se projeter sur le mur, même si j'ai assisté à un million d'expériences. La série des projections sur le mur, phénomène historique, sera liée par des lois physiques précises à une autre série de phénomènes historiques, celle des positions que prend, chaque fois, la main de l'étranger muni du miroir. Là je serai dans un cas d'ignorance absolue et, de plus, d'ignorance incurable. Toutes mes observations ne me serviront de rien. La série des attitudes du miroir sera en effet dirigée par une loi *indépendante* de moi observateur, savoir la volonté, la fantaisie de l'étranger porteur du miroir. Je pourrai alors répéter pour la série des images sur le mur ce que j'ai dit au commencement du premier chapitre à propos de la genèse d'un cristal.

La série des images dépend de deux facteurs ; l'un de ces facteurs, c'est une liaison, c'est la loi de réflexion des miroirs plans (c'est ce que j'appelais l'hérédité du cristal) ; l'autre, c'est un phénomène historique indépendant de la liaison en question, c'est la série des attitudes de la main du porteur de miroir. Pour être fidèle à mon langage du début, je dirai donc que ce second facteur (l'éducation du cristal) introduit le *hasard* dans le phénomène étudié.

Mais ici, ce qui est le hasard pour moi observateur n'est plus le hasard pour le porteur du miroir, qui, au bout de quelque temps, à la suite d'une expérimentation un peu prolongée, arrivera facilement à diriger le jet de lumière comme il voudra, à l'envoyer, par exemple, après quelques tâtonnements, dans l'œil d'un passant inoffensif.

J'arrive maintenant au troisième cas, qui est hasard pour tout le monde.

Ce troisième cas, je le disais tout à l'heure, est réalisé quand le phénomène étudié n'obéit à aucune loi. On voit aisément que, dans le second cas dont nous venons de parler, on peut trouver quelque chose de semblable à ce troisième cas ; il suffira pour cela que la série historique des données des phénomènes successifs dans lesquels se manifeste la loi des miroirs plans soit elle-même une série quelconque n'obéissant à aucune loi. Ce que nous allons dire du troisième cas sera vrai, soit que nous observions directement les coups qui ne sont régis par aucune loi, soit que nous étudiions le retentissement de ces coups quelconques sur un autre phénomène auquel ils sont liés par une loi physique connue, pourvu, bien entendu, que les données du coup influent réellement sur son résultat.

Dans le troisième cas donc (ou dans le deuxième cas, si la série des données des coups successifs entre elle-même dans le troisième cas), il n'y aura aucune loi ; une expérience infiniment réitérée ne pourra jamais permettre à *aucun* expérimentateur de prévoir le résultat d'un coup ultérieur. Ce sera encore de l'ignorance, mais de l'ignorance tout à fait incurable, de l'ignorance impossible à guérir par n'importe qui et *pour n'importe qui* ; tandis que, tout à l'heure, dans le cas du miroir qui projetait la lumière, l'ignorance était curable pour celui qui tenait le miroir, et même pour moi, étranger à lui, s'il voulait bien m'annoncer chaque fois sa visée.

Évidemment, il y a une différence profonde entre le deuxième et le troisième cas, quoique notre ignorance puisse être la même dans les deux. Nous disons que nous agissons *au hasard* quand il s'agit pour nous d'entrer en conflit avec un phénomène dont nous ignorons actuellement la marche ; mais si le phénomène obéit à une loi, nous pourrons espérer découvrir cette loi au bout d'un nombre suffisant d'expériences, surtout si nous sommes en mesure de préparer chaque fois les données de chaque coup. Au contraire, dans le dernier cas, qui sera si vous voulez celui du *hasard absolu,* notre ignorance résistera à un nombre d'expériences infini. Mais, si nous restons toujours dans l'ignorance absolue au point de vue d'un coup à venir, il se manifestera, dans l'allure générale de la marche des coups, une particularité remarquable qui, précisément, au bout d'un nombre suffisant de coups, *nous apprendra l'inutilité de nos expériences réitérées en nous prouvant que le phénomène n'obéit à aucune loi.* Cette particularité remarquable, on lui a donné le nom malheureux de *loi* des grands nombres ; et cette expression illogique a conduit de grands mathématiciens à des considérations antiphilosophiques sur ce qu'ils ont appelé *les lois du hasard.* Le mot loi est l'opposé du mot hasard, du moins s'il s'agit du *hasard absolu* ; or ce n'est que dans le cas du hasard absolu que se manifeste la loi des grands nombres. Nous allons étudier au chapitre suivant cette nécessité arithmétique.

CHAPITRE III

LES PRÉTENDUES LOIS DU HASARD ET LE STRATAGÈME DE BERNOUILLI

§ 15.

LES MATHÉMATICIENS ET LA PROBABILITÉ[1]

Malgré l'autorité des savants qui ont écrit sur le calcul des probabilités, le public cultivé n'est pas encore arrivé à se faire, sur ces questions troublantes, une opinion vraiment dépourvue d'inquiétude. Récemment encore, dans la *Revue philosophique*[2], M. Richard-Foy reprenait le problème, et s'attaquait d'emblée à ses plus grandes difficultés. Il rappelait, dès le début, ce fameux paradoxe de M. Poincaré : « Vous me demandez de vous prédire les phénomènes qui vont se produire. Si, par malheur, je connaissais les

---

[1]. Ce paragraphe a paru dans la *Revue philosophique* (novembre 1910).
[2]. N° du 1ᵉʳ avril 1910.

lois de ces phénomènes, je ne pourrais y parvenir que par des calculs inextricables, et je devrais renoncer à vous répondre ; mais comme *j'ai la chance de les ignorer,* je vais vous répondre tout de suite. Et ce qu'il y a de plus extraordinaire, c'est que ma réponse sera juste. » Et, quelques pages après (p. 388 de la Revue), M. Richard-Foy concluait d'une étude sur la roulette : « Nous avons trouvé un exemple où j'ignore *tout* de la série des impulsions communiquées à la roulette, et où je puis cependant conclure, en m'appuyant précisément sur le fait que les impulsions sont communiquées au hasard : c'est-à-dire, en somme, en m'appuyant sur mon ignorance. Donc le hasard obéit à des lois : et alors le paradoxe de M. Poincarré disparaît : il y a une loi du hasard qu'on appelle la loi des grands nombres, et c'est elle qui nous a tiré d'affaire. »

Je me suis élevé jadis contre une telle conclusion [1]; à mon avis il n'y a pas d'absurdité plus parfaite que celle qui consiste à affirmer : « on sait d'autant plus qu'on ignore d'avantage »; cette prétendue ignorance n'en est pas une, ainsi que j'essaierai encore de le montrer tout à l'heure. Si, prenant au mot M. Poincaré, je lui demandais en lui montrant le mur qui sépare son cabinet de la

---

[1]. *De l'Homme à la Science,* chap. XII.

maison voisine : que va-t-il se passer là, derrière ? Il serait obligé de renoncer à prophétiser, parce que là, il se trouverait vraiment dans le cas de l'ignorance absolue. M. Richard-Foy n'a pas accepté ma manière de voir et conclut dans le sens de M. Poincaré. Il n'est pas le seul. Dans son excellent livre sur la théorie des probabilités[1], Borel, faisant allusion à mon étude sur le hasard, écrit les lignes suivantes, que je demande la permission de reproduire malgré la manière flatteuse dont j'y suis désigné : « Nous pourrions borner là l'exposé des principes essentiels de la théorie du jeu de pile ou face ; ces principes étant bien établis, les conséquences que nous en déduirons par des raisonnements purement logiques sont rigoureusement démontrées, et, par suite, toute assertion contraire à ses conséquences devra être regardée comme inexacte, sans qu'il soit nécessaire d'examiner les arguments sur lesquels on prétend la baser. Cette manière de procéder est la plus conforme à l'esprit mathématique ; il me paraît cependant préférable de ne pas m'y tenir, car tout le monde n'a pas l'esprit mathématique et, en ce qui concerne les questions de probabilité, beaucoup d'esprits, excellents par ailleurs, ont une certaine méfiance des

---

[1]. Borel. *Éléments de la Théorie des probabilités*. Paris, 1909.

raisonnements logiques et sont disposés à leur préférer des raisons de sentiment. J'ai eu récemment l'occasion de constater cette tendance chez un des esprits les plus distingués de notre temps, bien connu par ses publications scientifiques et philosophiques, et dont l'éducation mathématique a été très sérieuse. Il m'a dès lors semblé qu'il valait mieux ne pas traiter ces tendances par le pur dédain que serait en droit de leur opposer un mathématicien qui jugerait entièrement superflu de convaincre, du moment que ses raisonnements sont irréprochables » (*op. cit.*, p. 18).

Faisant, dans la *Revue scientifique* (30 avril 1910, p. 573) l'analyse du livre de Borel, Grévy accepte tout à fait cette manière de voir : « le premier livre se termine par un chapitre consacré à *loi des grands nombres*, invoquée si souvent, et qui, pour beaucoup avait un caractère quelque peu mystérieux ; celui qui aura lu l'ouvrage de M. Borel y verra qu'elle n'est que *la constatation d'un fait analytique très simple.* »

C'est contre cette affirmation que je veux aujourd'hui partir en guerre. Du moment qu'il s'agit de phénomènes naturels, je n'admettrai jamais qu'on puisse y voir une simple particularité analytique. Les mathématiques sont la langue de la science ; elles ne sont pas une science par elles-mêmes ; et une langue ne peut servir qu'à celui qui a quelque chose à dire ; c'est la physique qui fournit aux mathématiciens des sujets de narration. Dans toutes les questions traités en langage mathématique, il est essentiel de séparer ce qui est *donnée physique* de ce qui est *verbalisme mathématique*. Or, dans les études de probabilités, on voit sans cesse les mathématiciens, qui s'en sont arrogé le monopole, sortir de leur réserve de mathématiciens et faire des raisonnements de sens commun, auquel ils attribuent la même valeur qu'à leurs calculs. C'est là qu'est le danger, et je crois utile de le montrer pour ne pas laisser s'accréditer le dogme des lois du hasard. Il me semble qu'il suffira, pour cela, de bien délimiter le rôle des mathématiciens dans le calcul des probabilités, et de montrer comment ils dépassent parfois les limites de leur territoire et émettent des opinions philosophiques discutables, en s'appuyant sur ce qu'ils appellent le théorème et que je nommerais plutôt le *stratagème* de Bernouilli.

*
* *

M. Richard-Foy a fort bien posé la question en montrant, dès le début de son article, la différence fondamentale qui existe entre les deux notions désignées par M. Poincaré sous le nom de *probabilité subjective* et de *pro-*

babilité objective. La première, la probabilité subjective, est une notion purement mathématique; c'est une notion *a priori*, absolument indépendante des faits. La seconde est tout autre chose. Arrêtons-nous d'abord à la probabilité subjective :

Nous définissons un *jeu* quelconque, dans lequel une *partie* amène un *coup*, et un seul; le *coup* est le résultat de la *partie*; je prends pour exemple le jeu de pile ou face, mais je n'ai pas besoin de jouer une seule partie de ce jeu pour définir la probabilité subjective; tout va se passer *a priori*. Il n'y a que deux coups différents possibles, pile ou face (Le raisonnement serait le même s'il y avait p coups possibles au lieu de deux, pourvu que chaque partie amène un coup et un seul). Une deuxième partie amènera à son tour un coup quelconque, choisi sur les deux possibles. De même une troisième, et ainsi de suite. Sans jouer une seule partie, je me propose d'établir un tableau de toutes les *séries* possibles en n parties. Par définition du jeu, chaque série sera de n coups. Il y aura la série :

Pile, face, face, pile... face ;
la série :

Face, pile, pile, face... face, etc., etc.

J'écris sur une feuille de papier toutes les séries de coups possibles, toujours sans jouer aucune partie. Je commence par le cas de $n = 2$, et je fais le tableau de toutes les séries possibles :

  pile face
  pile pile
  face face
  face pile.

Il y en a quatre. Je continue pour $n = 3$, et je fais le tableau :

  pile face face
  pile face pile
  pile pile face
  pile pile pile
  face face face
  face face pile
  face pile face
  face pile pile.

Il y en a huit, c'est-à-dire 2^3. Je continue de proche en proche, et je vois aisément que, pour n parties, il y a 2^n séries possibles de n coups. Ici je suis dans le domaine de l'arithmétique pure ; je n'ai pas besoin d'avoir même un sou à ma disposition pour faire mon calcul ; j'établis tout *a priori*, après avoir défini seulement les trois notions : partie, coup, série.

Cela posé, je considère le tableau des séries possibles au cours de n parties, et je définis une quatrième notion que je vais appeler la *convention du jeu*. Il faudra que cette convention ne laisse place à aucune ambiguïté. Le problème sera, si vous voulez, d'amener cinq fois pile et cinq fois seulement au cours de la série de n parties. Je regarde mon tableau et je vois aisément qu'il y a a séries qui remplissent la condition requise, a séries dans chacune desquelles il existe, diversement répartis, cinq coups pile et cinq coups seulement. Toutes les fois qu'un jeu sera défini convenablement, on pourra toujours faire le tableau des séries de n coups possibles, et compter ensuite le nombre de ces séries dans lesquelles se trouve vérifiée la convention spéciale adoptée pour cette fois-là ; le tout, sans jouer effectivement aucune partie. Il y aura par exemple A séries possibles pour n parties, et l'on aura compté a de ces séries réalisant la convention du jeu.

Quand le nombre n des parties est assez grand, il est très fastidieux d'écrire le tableau des séries possibles, pour compter ensuite le nombre des séries réalisant la convention du jeu. Les mathématiciens nous fournissent le moyen d'éviter cette pénible besogne, et de calculer, dans beaucoup de cas, par des formules établies à l'avance, le nombre A des séries possibles (qui est par exemple 2^n dans le jeu de pile ou face), et le nombre a des séries favorables, c'est-à-dire, des séries réalisant la convention du jeu. A CELA DOIT SE BORNER LE RÔLE DES MATHÉMATICIENS ; ils doivent nous donner des formules aussi simples que possible, qui nous évitent d'écrire sur un tableau les A séries possibles au cours de n

parties, et de compter ensuite sur ce tableau, les *a* séries favorables.

On donne à l'ensemble de ces formules et à la recherche des méthodes qui y conduisent, le nom de calcul des *probabilités*. Ce nom est dangereux, car il est emprunté au langage humain, et il fait image ; j'ai insisté sur ce danger dans un ouvrage récent[1], à propos de la notion d'énergie.

On donne en effet, en mathématiques, le nom de probabilité, au rapport $\frac{a}{A}$, c'est-à-dire au rapport qui existe entre le nombre des séries favorables et le nombre total des séries possibles. On corrige quelquefois, à la vérité, ce mot *probabilité* par l'addition de l'épithète *subjective,* mais bien des gens omettent cette épithète et facilitent ainsi la confusion entre cette notion mathématique, cette notion *a priori*, et la *probabilité objective,* notion expérimentale *a posteriori* ; or, c'est de cette confusion que viennent le plus souvent les malentendus philosophiques dans les questions de probabilité. Nous dirons simplement le $\left(\frac{a}{A}\right)$, ce qui n'engage à rien.

Nous venons de définir rigoureusement le rôle des mathématiciens. Effectivement, les ouvrages sur le calcul des probabilités con-

---

1. *La stabilité de la vie.*

tiennent presque exclusivement les formules de recherche des probabilités subjectives, et les méthodes qui conduisent à ces formules. Tout cela est parfaitement solide, et ce serait vouloir mordre dans une lime d'acier que de s'y attaquer. Mais, de temps en temps, noyés au milieu de pages de chiffres, apparaissent quelques raisonnements de sens commun qui ne sont plus l'apanage exclusif des mathématiciens ; ces raisonnements ont en général pour objet de conclure des probabilités subjectives aux probabilités objectives ; c'est sur ces raisonnements que je veux attirer aujourd'hui l'attention des philosophes. Je les dépouillerai de tout appareil mathématique, ce qui les rendra plus faciles à suivre, mais je n'hésiterai pas, quand ce sera nécessaire, à me servir des résultats indiscutables fournis par le calcul des probabilités subjectives.

*
* *

J'arrive maintenant à la *probabilité objective*; elle se définit après coup; c'est un résultat d'expérience. Tout à l'heure, la manière dont se jouaient les *parties* n'entrait pas en ligne de compte ; nous calculions seulement le nombre des coups possibles résultant de parties qui n'étaient pas jouées. Maintenant, la *partie* est une expérience véritable ; le *coup* est le résultat de cette expérience.

Je joue *n* parties de pile ou face, j'obtiens ainsi *n* coups formant une *série* unique :

Pile, face, face, pile... face.

Je le répète, cette série est unique ; elle représente les résultats d'événements effectivement passés ; son étude est du domaine de l'histoire. Je suppose que l'on ait fait, avant de commencer la série, une *convention du jeu*. Le problème sera si l'on veut, comme au précédent paragraphe, d'amener cinq fois pile et cinq fois seulement, sur la série de *n* parties. Alors, de deux choses l'une. Ou bien la série effectuée remplira les conditions de la convention du jeu, ou bien elle ne les remplira pas. Si elle les remplit, on dira que la série est favorable ; si un joueur avait attaché un certain prix à la réalisation effective d'une série remplissant les conditions convenues, il aura gagné. Sinon, il aura perdu, et paiera à son partenaire le prix convenu. C'est donc bien une expérience qui a été faite, et une expérience importante pour les joueurs, puisque le résultat de l'expérience a un retentissement sur leur bourse, c'est-à-dire sur l'une des choses auxquelles les hommes tiennent le plus. Ici il n'y a rien qui mérite le nom de probabilité ; il y a un fait passé et un seul ; ce fait se traduit pour l'un des joueurs par un gain, pour l'autre par une perte. C'est ce qui se passe quand on tire une loterie qui n'a qu'un lot ; il y a un gagnant et un seul ; c'est de l'histoire.

Je suppose maintenant que les joueurs recommencent une nouvelle expérience avec les mêmes conventions ; la nouvelle série de n coups remplira ou ne remplira pas la convention du jeu ; une fois jouée, elle entrera dans l'histoire à son tour. Que l'on recommence q fois cette série de n coups, au bout de ces q séries de parties, il y aura eu p séries favorables et $(p-q)$ séries défavorables ; c'est-à-dire que l'un des joueurs aura gagné p fois et perdu $(p-q)$ fois. Ce joueur, ayant gagné p fois sur q, dira qu'il a rencontré une *probabilité objective* égale à $\left(\dfrac{p}{q}\right)$.

Cette expression est très mauvaise ; le mot probabilité est, dans le langage humain, en rapport avec des événements à venir. Ici, il s'agit d'événements passés ; il aurait mieux valu créer un mot n'ayant aucun rapport avec le mot probabilité qui, dans l'espèce, est tout à fait inadmissible. Nous dirons simplement le $\left(\dfrac{p}{q}\right)$; cela ne nous engage à rien.

***

Il est bien évident qu'*il n'y a aucun rapport* entre le $\left(\dfrac{a}{A}\right)$ défini à l'avant-dernier paragraphe et le $\left(\dfrac{p}{q}\right)$ que nous venons de définir. En effet $\left(\frac{a}{A}\right)$ ne dépend aucunement de la manière dont seront jouées les parties amenant les coups qui forment les séries, tandis que $\left(\frac{p}{q}\right)$ dépend au contraire *exclusivement* de la manière dont les parties ont été jouées.

On va me dire que le calcul des probabilités ne s'applique que dans des cas où l'on a pris *ses précautions* à l'avance relativement à la manière dont les parties se joueront. Mais comme c'est précisément là qu'est le point litigieux, j'ai préféré définir d'abord, séparément, $\left(\frac{a}{A}\right)$ et $\left(\frac{p}{q}\right)$ (ce qui est possible avec cette convention qu'une partie amène un coup et un seul), pour me réserver de voir ensuite ce qui se cache derrière l'affirmation paradoxale *qu'une ignorance absolue des phénomènes permet de prévoir quelque chose au sujet de leur réalisation.*

Voici par exemple une manière dont il est possible d'organiser un jeu de pile ou face, dans lequel les joueurs seront dans l'ignorance absolue au sujet des coups à venir. Les joueurs sont devant un mur dans lequel est percé un guichet vitré. Placé derrière le mur, et sans aucune communication avec les joueurs, je présente au guichet une pièce de monnaie, tantôt du côté pile, tantôt du côté face, à ma fantaisie. J'ignore qui je favorise, puisque j'ignore la convention du jeu, mais je puis adopter telle loi que je voudrai pour la succession des *pile* et des *face*; je puis en outre changer cette loi s'il me plaît, au bout du temps qui me conviendra. Les joueurs sont bien dans l'ignorance absolue au sujet de la succession des coups que seul je connais, que seul je dirige. Or le $\left(\dfrac{p}{q}\right)$ dépendra de ma seule volonté, et n'aura, par conséquent, aucun rapport avec le $\left(\dfrac{a}{A}\right)$ qui en est tout à fait indépendant. Cela serait encore plus évident si je connaissais moi-même la convention du jeu[1], mais même si je ne la connaissais pas et si j'ai adopté une loi quelconque, on pourra calculer le $\left(\dfrac{p}{q}\right)$ d'après la loi de succession des coups que j'aurais choisie.

Dans leur ignorance de l'avenir, les joueurs n'auront pas cependant le droit de dire : « *Il n'y a aucune raison* pour que, cette fois-ci, il apparaisse au guichet plutôt pile que face »; il y a sûrement au contraire une raison pour

---

1. Je pourrais d'ailleurs la connaître sans savoir qui a parié pour et qui a parié contre; ainsi, je ne favoriserais encore personne.

cela ; cette raison, c'est ma volonté ; mais ils ne la connaissent pas.

Le jeu étant organisé comme je viens de le dire, et les joueurs étant vraiment dans l'ignorance absolue au sujet des coups à venir, il est impossible d'établir la moindre relation entre $\left(\dfrac{p}{q}\right)$ et $\left(\dfrac{a}{A}\right)$. Ces deux nombres n'auront jamais aucun rapport l'un avec l'autre, quel que soit le temps pendant lequel continuera le jeu. Ceci est de toute évidence, et prouve bien que ce n'est pas l'ignorance absolue qui entre seule en ligne de compte dans ce qu'on appelle la loi des grands nombres.

Prenons au contraire maintenant le jeu de pile ou face tel qu'on le joue ordinairement. Un manœuvre placé à côté des deux joueurs, lance vigoureusement en l'air une pièce de monnaie en lui imprimant au départ un vif mouvement de rotation. La pièce en retombant rencontre la terre dans des conditions que le manœuvre était incapable de prévoir, et, finalement, rentre en repos en montrant aux joueurs, soit son côté pile, soit son côté face. Évidemment le résultat de la partie était déterminé du moment que la pièce avait commencé son voyage en l'air. Un mathématicien connaissant la vitesse initiale de rotation, la vitesse initiale de translation, la résistance de l'air et tels autres facteurs qu'il sera nécessaire de faire intervenir, pourrait prévoir le coup, plus ou moins péniblement, par le calcul (Je dis *prévoir*, mais ce n'est qu'une manière de parler car la partie sera finie bien avant les calculs du mathématicien). En tout cas, le manœuvre *ne peut pas* prévoir le coup, ne peut pas graduer son impulsion première de façon à amener pile plutôt que face; il est dans l'ignorance absolue au sujet du résultat, au moment où il jette la pièce en l'air; et, la pièce étant bien construite, bien équilibrée, ses deux faces étant bien comparables, on verra tomber tantôt pile, tantôt face, sans que personne au monde puisse intervenir d'une manière quelconque dans la préparation de ce résultat. On jouera n parties de suite en notant les résultats; cela fera une série de n coups, qui est un événement historique. On recommencera q fois et on aura q séries consécutives. L'homme le plus habile, en comparant ces q séries, ne pourra trouver, relativement à leur ensemble, une loi quelconque lui permettant de prévoir la $(q+1)^e$ série. De même que chaque partie est indépendante de la partie précédente, chaque série est indépendante de celle qui l'a précédée. De ceci nous sommes absolument sûrs; mais c'est là quelque chose de positif; nous ne sommes plus dans l'ignorance absolue, *nous savons qu'il n'y a rien à savoir,* qu'il est impossible de rien savoir. Je ne saurais trop insister sur ce point qui est capital. Le coup est déterminé dès que la pièce est lancée, mais les éléments qui entrent en jeu pour déterminer le geste du manœuvre lançant la pièce n'ont aucune relation avec les éléments qui entrent en jeu ultérieurement pour arrêter la pièce dans telle ou telle position. C'est donc bien le cas de dire que, dans les parties ainsi organisées, IL N'Y A AUCUNE RAISON pour qu'un coup quelconque amène pile plutôt que face. De ceci, nous pouvions être à peu près sûrs *a priori* d'après l'organisation de la partie ; nous nous en assurons *a posteriori* en étudiant minutieusement les séries obtenues. Si nous croyons apercevoir une loi quelconque dans une suite de q séries, il suffira de jouer q nouvelles séries pour nous assurer que cette apparence était trompeuse ; nous sommes vraiment dans un cas où il est impossible à qui que ce soit de rien prévoir ; nous pouvons dire en toute confiance : *Il n'y a aucune raison pour qu'une partie quelconque amène pile plutôt que face*[1].

M. Richard-Foy, dans l'article auquel j'ai fait précédemment allusion et où il prend comme exemple le jeu de la roulette, n'attache pas la même importance que moi à cette remarque : « M. Le Dantec, dit-il (p. 387), se

---

1. C'est le cas du *hasard absolu* dont je parlais à la fin du dernier chapitre.

croit obligé de faire tout d'abord une hypothèse sur la bonne construction de la roulette..... Il y a alors[1] des causes permanentes subsistant à chaque coup en faveur de telle ou telle case ; et ces causes représentent la loi même de l'instrument employé, qui n'a rien à voir avec le hasard. Personne ne peut contredire M. Le Dantec sur ce point. » Je ne suis pas l'auteur dans les considérations qu'il émet ensuite relativement au cas où les cases seraient infiniment petites ; ce cas n'est pas réalisable et n'a rien à voir ici ; je reprends la citation un peu plus loin : « Mais, dira-t-on, que conclure de cette étude : le cas de la roulette n'est-il pas un simple cas particulier, et même un peu trop intuitif? Nullement : nous avons trouvé un exemple où j'ignore tout de la série des impulsions communiquées à la roulette, et où je puis cependant conclure, en m'appuyant précisément sur le fait que les impulsions sont communiquées au *hasard* : c'est-à-dire en somme, *en m'appuyant sur mon ignorance*. Donc le hasard obéit à des lois ; et alors, le paradoxe de M. Poincaré disparaît : il y a une loi du hasard qu'on appelle la loi des grands nombres, et c'est elle qui nous a tiré d'affaire » (*op. cit.*, p. 388).

Ce que M. Richard-Foy appelle après

---

[1]. Quand la roulette n'est pas bien construite.

M. Poincaré, la loi du hasard, c'est, à mon avis, la CERTITUDE *que les phénomènes étudiés n'obéissent à aucune loi.* Et, je ne saurais trop le répéter, ce n'est pas être dans l'ignorance absolue, relativement à des parties successives d'un jeu, que de SAVOIR que les coups résultant des parties n'obéissent à aucune loi. C'est d'ailleurs se faire une étrange idée de la puissance mystérieuse des mathématiques que prétendre tirer un résultat *physique* positif d'un verbalisme analytique, dans lequel on n'aurait introduit comme point de départ aucune donnée physique, aucune donnée expérimentale.

Lorsqu'après avoir fait subir à une donnée quelconque des remaniements mathématiques aussi compliqués qu'on le voudra, on arrive à exprimer *autre chose* que la donnée initiale, on peut être sûr d'avance, si on ne s'est pas trompé dans ses calculs, que le résultat obtenu est équivalent à la donnée, ou est compris dedans. Toutes les propriétés de l'ellipse peuvent se déduire de l'équation de cette courbe ; elles sont comprises dans cette équation ; le travail qui les en extrait est un pur verbalisme mathématique. Les mathématiques ne sont pas assez puissantes pour tirer quelque chose de rien. Je prétends, et je vais essayer de démontrer que la loi des grands nombres, relativement à un jeu de hasard, est l'équivalent de l'affirmation que les coups de ce jeu n'obéissent à aucune loi. Je le montrerai de deux manières, d'abord dans le langage courant, puis dans le langage mathématique proposé par Bernouilli, en faisant voir que le *stratagème* de Bernouilli n'est que la traduction en langue mathématique des raisonnements du langage courant, avec un petit tour d'escamotage qui donne l'illusion de prévoir *a priori,* alors qu'on constate *a posteriori*.

*
* *

Voici d'abord le raisonnement de sens commun : Je joue à pile ou face un grand nombre de parties. Aucun coup ne peut se prévoir à l'avance ; il n'y a aucune raison pour que j'attende pile plutôt que face. Je suis dans l'ignorance absolue, et j'y reste indéfiniment quelque grand que soit le nombre des parties jouées, car les parties jouées précédemment n'influent aucunement sur les parties ultérieures ; tout se renouvelle chaque fois.

Quand j'ai joué un très grand nombre de parties en notant tous les coups, je constate que j'ai obtenu une série sans aucune régularité. Ceci, je devais le prévoir. S'il y avait quelque régularité dans la série, cette régularité serait l'indice d'une loi ; or nous savons qu'il n'y a pas de loi ; donc la régularité apparente doit être une illusion ; et en effet, en poursuivant la série un peu plus loin, nous constatons que la prétendue régularité initiale ne se retrouve plus à partir d'un certain endroit.

Je note en particulier, à mesure que j'avance dans la série, le nombre total des coups pile et le nombre total des coups face. Je constate que le nombre des piles est tantôt un peu plus grand que le nombre correspondant des faces, tantôt égal à ce dernier nombre, tantôt un peu plus petit. Ceci encore, je devais le prévoir. Il n'y a aucune raison pour que j'amène plus souvent pile que face, mais il n'y a aucune raison non plus pour que je l'amène moins souvent. Si le nombre des pile était toujours plus grand que le nombre des face, quelque fût le nombre de coups joués, j'en concluerais qu'il y a une loi en faveur des coups pile. Cette loi serait l'indice d'un vice d'installation dans le jeu. Nous avons voulu réaliser un jeu dans lequel les parties successives fussent absolument indépendantes les unes des autres et où la détermination des coups fût à l'abri de toute loi ; nous n'avons pas réussi ; nous constatons qu'il y a une loi imprévue : que, par exemple, il y a toujours au moins deux fois plus de coups pile que de coups face. Donc notre jeu ne remplit pas les conditions que nous avons voulu lui imposer ; donc il est mauvais.

LES PRÉTENDUES LOIS DU HASARD

Nous ne rendons notre estime au jeu étudié que si, après un certain nombre de coups, la loi cesse de se vérifier ; c'était une loi apparente, ce n'était pas une loi fondamentale.

Il n'y a aucune raison pour qu'il y ait toujours plus de pile que de face ; il n'y a aucune raison non plus pour qu'il y en ait toujours moins. Et cependant, il n'y a pas de raison pour que ces deux nombres deviennent égaux après chaque double partie, c'est-à-dire pour que, à chaque coup pile succède un coup face, et réciproquement. Si cette dernière particularité était vérifiée, cela montrerait que chaque coup est déterminé par le précédent, ce qui est impossible.

Nous devons donc prévoir que dans une série de coups se succédant sans aucune loi, il y aura tantôt un peu plus de pile que de face, tantôt le même nombre, tantôt un peu plus de face que de pile.

Convenons de représenter graphiquement,

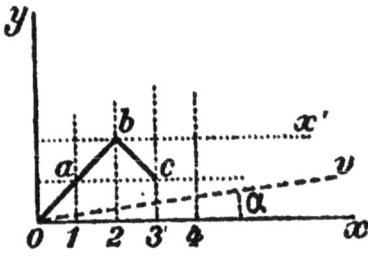

sur un papier quadrillé, l'état relatif des nombres de coups pile et de coups face au cours d'une longue série de coups. Nous prendrons comme axe des x un trait horizontal du quadrillage, et nous y porterons les nombres de coups. Marquons le zéro sur l'axe des x ; ce sera le point de départ du jeu. Le premier coup amène pile ; je le porte, sur l'ordonnée 1, en a ; le second coup amène encore pile ; je le porte, sur l'ordonnée 2, en b. Le troisième amène face, je descends d'un échelon à partir de b et le porte en c, sur l'ordonnée 3, et ainsi de suite. J'ai ainsi défini une courbe dont l'ordonnée correspondant à l'abscisse n représentera l'excès du nombre de coups pile sur le nombre des coups face au bout de n coups. Nous savons d'avance quelle sera l'allure générale de la courbe. Ce sera une courbe sinueuse qui coupera de temps en temps l'axe des x, mais sans qu'il y ait aucune régularité dans la distribution des points où elle le coupe. Nous pouvons prévoir quelques-unes des particularités de la courbe, en nous basant uniquement sur ce fait que nous sommes certains que le jeu n'obéit à aucune loi.

La plus importante, et qui contient en réalité toutes les autres est la suivante : Étant donné à l'avance un nombre N aussi grand qu'on le voudra, on doit prévoir[1] qu'il arri-

---

1. Je montrerai plus loin que ce raisonnement implique un postulat, savoir que notre jeu est assez *souple* pour démontrer,

LES PRÉTENDUES LOIS DU HASARD

vera un moment où l'ordonnée de la courbe sera égale à N. En d'autres termes, il n'y a pas de limite à l'écart qui se manifestera, au cours d'un nombre très grand de parties, entre le nombre des *pile* et le nombre des *face*.

Cela découle immédiatement de la certidans laquelle nous nous trouvons relativement au fait que les coups déjà joués n'influent aucunement sur les coups à venir. Après deux coups, quand nous sommes au point b, nous pouvons prendre b comme origine et bx' comme axe de x. Alors l'allure de la courbe à partir de b devra être la même qu'à partir de o ; or l'écart à obtenir désormais est devenu $(N-2)$. Si, à partir de b la courbe restait *toujours* au-dessous de l'axe bx', cela constituerait une loi ; donc il y aura un moment où elle passera au-dessus et où l'écart à obtenir ne sera plus que $(N-3)$; nous reprendrons là une nouvelle origine, et avec les mêmes raisonnements nous verrons que s'impose la nécessité d'arriver à un moment où l'écart à obtenir ne sera plus que $(N-N)$, c'est-à-dire où l'écart effectif obtenu à partir de o est N. Le théorème est démontré[1].

---

au bout d'un grand nombre de coups, cette absence remarquable de toute loi.

1. Voyez la note précédente.

Il est évidemment vrai pour l'écart entre le nombre des face et le nombre des pile, comme pour l'écart entre le nombre des pile et le nombre des face. C'est-à-dire que la courbe sinueuse partie de o aura des ordonnées négatives qui ne le céderont en rien à ses ordonnées positives.

Une conséquence de ce théorème est que, si loin de l'axe des x que nous nous trouvions à un moment donné, nous devrons toujours nous attendre à y revenir au bout d'un nombre suffisant de parties; en d'autres termes, il n'y a pas de moment à partir duquel la courbe ne coupera plus l'axe des x. Soit en effet N l'écart actuel; je le suppose positif. En prenant ce point de la courbe comme origine, nous sommes certains d'arriver un jour ou l'autre à l'écart $(-N)$, c'est-à-dire à l'axe primitivement choisi comme axe des x.

Tout ceci est nécessaire, parce que nous avons admis en commençant que le phénomène étudié ne saurait être soumis à aucune loi.

Une conséquence évidente de ces remarques est que, pour un nombre de coups très grand, le rapport de l'écart au nombre des parties jouées sera toujours très petit, quelle que soit d'ailleurs la valeur absolue de l'écart. En effet, puisque la série des zéros de notre courbe est illimitée, nous pourrons toujours jouer un nombre de coups assez grand pour ue le nombre m_1, qui aboutit au dernier zéro avant le commencement de l'arc de courbe conduisant à l'écart, soit aussi grand que nous le voudrons. Or, à partir de zéro, l'écart n, dans les conditions les plus favorables, ne peut s'obtenir qu'au bout d'un nombre de coups au moins égal à n. Le nombre de coups conduisant à l'écart de n sera donc supérieur ou égal à (m_1+n), et le rapport de l'écart au nombre des coups sera inférieur à $\dfrac{n}{n+m_1}$, rapport que l'on pourra toujours rendre aussi petit qu'on le voudra en donnant à m_1 une valeur assez grande.

Le fait qu'aucune loi n'existe en faveur des coups pile par exemple, nécessite les rencontres successives de la courbe avec l'axe ox. Si la courbe, au lieu de prendre une allure vaguement symétrique par rapport à l'axe ox, prenait cette allure par rapport à un autre axe ov, faisant avec ox un angle α, aussi petit qu'on le voudra, il y aurait *une loi* en faveur des coups pile, ce qui est impossible. L'angle α ne peut être que nul.

Voilà des conséquences que des raisonnements de sens commun nous font tirer de la nécessité où nous sommes d'affirmer que le jeu de pile ou face n'obéit à aucune loi. La loi des grands nombres, c'est-à-dire la nullité de l'angle α de notre figure n'est donc que la transformation verbale de l'affirmation de l'absence de toute loi. Et le fait que des penseurs en ont conclu à l'existence d'une loi du hasard me rappelle cette plaisanterie d'une vieille opérette dans laquelle le chef des conjurés s'écrie, ne voyant pas apparaître à l'heure fixée le fanion attendu :

L'absence de signaux serait-elle un signal?

En réalité, il faut bien avouer que nous ne sommes pas très satisfaits de notre raisonnement par l'absurde. Si la loi des grands nombres ne se vérifiait pas au bout d'un nombre très grand de coups, nous en tirerions la démonstration d'une loi en faveur de pile ou de face, ce qui serait contraire à notre hypothèse ; c'est bien là le raisonnement par l'absurde, ici comme partout où nous sommes réduits à l'employer à défaut d'un raisonnement positif, ce mode de démonstration nous déplaît. Nous pensons instinctivement à l'âne de Buridan. En réalité, notre raisonnement implique un postulat ; nous savons bien qu'il ne saurait y avoir aucune loi dans le jeu de pile ou face, mais *notre jeu sera-t-il assez précis, assez souple, pour nous démontrer, par lui-même, au bout d'un grand nombre de coups, cette absence remarquable de toute loi?* Nous n'oserions pas l'affirmer à priori. Nous n'oserions pas énoncer la loi des grands nombres si nous ne l'avions vérifiée expérimentalement un grand nombre de fois pour chaque jeu de hasard. Nos raisonnements à priori ne valent que par une démonstration à posteriori. Et d'ailleurs, notre loi des grands nombres n'a pas le caractère de quelque chose d'inévitable ; ce n'est pas une loi, en effet, puisque ce n'est que le résultat de l'absence de toute loi. Si nous constations expérimentalement un cas dans lequel, au bout d'un très grand nombre de coups, il y aurait toujours eu deux fois plus de coups pile que de coups face, nous n'aurions pas le droit de nous insurger ; nous rechercherions d'abord s'il n'y a pas une erreur systématique dans le jeu ; supposons qu'il n'y en ait pas ; nous devrions en conclure qu'il n'y a pas de loi en faveur des coups pile, mais que notre jeu n'a pas, dans le cas considéré, réussi à mettre en évidence cette absence de loi. Je ne sache pas que cela soit arrivé jamais, mais cela n'est pas *impossible*. Et cependant le théorème de Bernouilli donne une démonstration *a priori* de la loi des grands nombres ! Cette loi serait donc vraiment une loi ? Nous allons étudier par le menu la démonstration du savant Bâlois, et voir si, comme le prétend un mathématicien dans un passage précédemment cité, « la loi des grands nombres n'est que la constatation d'un fait analytique très simple ».

J'énonce d'abord le théorème de Bernouilli

dans le cas du jeu de pile ou face. Chaque fois qu'on lance la pièce en l'air il y a deux possibilités; une seule se réalise. Le coup sera pile ou il sera face. Je reprends la définition que j'ai donnée tout à l'heure de la probabilité subjective ; si la convention du jeu est la plus simple de toutes, c'est-à-dire que chaque série est d'une seule partie, et que l'un des joueurs parie pour pile, l'autre pour face, la probabilité subjective est $\frac{1}{2}$ pour chaque joueur. Cette probabilité subjective, c'est le $\left(\frac{a}{A}\right)$ que nous avons défini précédemment; en effet, la série étant de 1 partie, le nombre n de tout à l'heure est égal à 1 ; 2^n est égal à 2 ; le $\frac{a}{A}$ est bien $\frac{1}{2}$.

Ce $\left(\frac{a}{A}\right)$ est calculé à priori, d'après la définition même du jeu, et n'a aucun rapport avec les résultats expérimentaux du jeu effectivement réalisé.

Maintenant, jouons q parties, 12 par exemple. Il y aura, si vous voulez, 8 coups pile et 4 coups face, dans notre expérience. Alors le $\left(\frac{p}{q}\right)$ de celui qui parie pile sera $\frac{8}{12}$ ou $\frac{2}{3}$; le $\left(\frac{p}{q}\right)$ de celui qui parie face sera $\frac{4}{12}$ ou $\frac{1}{3}$.

Comme nous nous y attendions, le nombre

$\left(\dfrac{p}{q}\right)$ n'a aucun rapport avec $\left(\dfrac{a}{A}\right)$; ce sont deux choses entièrement différentes.

Cependant l'expérience d'une part, notre raisonnement de simple bon sens d'autre part, nous apprennent que, en jouant un nombre croissant de parties, le nombre $\left(\dfrac{p}{q}\right)$ devient souvent égal à $\dfrac{a}{A}$, c'est-à-dire à $\dfrac{1}{2}$. Cela arrive chaque fois que notre courbe de tout à l'heure coupe l'axe des x. D'autre part, même en dehors de ces moments remarquables, nous avons constaté que la différence entre p et $(q - p)$, c'est-à-dire entre le nombre des coups pile et le nombre des coups face, devient ordinairement très petite par rapport à q lorsque q devient très grand; ceci sous certaines réserves sur lesquelles j'ai longuement insisté tout à l'heure. Le théorème de Bernouilli a pour objet de démontrer analytiquement que $\dfrac{p}{q}$ tend vers $\dfrac{a}{A}$ (c'est-à-dire dans le cas du jeu de pile ou face, vers $\dfrac{1}{2}$), lorsque q augmente indéfiniment. Je le répète, p est un résultat d'expérience, donc $\dfrac{p}{q}$ aussi, tandis que $\left(\dfrac{a}{A}\right)$ est une quantité dont la définition est purement analytique et indépendante de toute expérimentation. Surveillons donc de près la démonstration du théorème pour voir à quel endroit s'introduit frauduleusement le fait que nous sommes certains de l'absence de toute loi physique dans la succession des coups de pile ou face.

Voici d'abord le stratagème employé. En temps ordinaire, il n'y a aucun rapport entre $\frac{a}{A}$ et $\frac{p}{q}$, puisque nous définissons $\frac{a}{A}$ sans nous préoccuper de la manière dont nous réalisons physiquement les q parties expérimentales, (en particulier $\frac{a}{A}$ ne change pas si je pose à ma fantaisie la pièce sur le côté pile ou sur le côté face de manière à donner à $\frac{p}{q}$ la valeur que je veux ; je répète ceci une fois de plus de peur que le lecteur ait oublié mes remarques du début). Mais il y a *deux cas* dans lesquels $\frac{p}{q}$ est toujours fatalement égal à $\frac{a}{A}$, savoir, le cas où $\frac{a}{A}$ est égal à 1 et le cas où $\frac{a}{A}$ est égal à 0. Par exemple, si nous jouons à pile ou face avec une pièce de monnaie qui a deux côtés pile, celui qui parie pile gagnera toujours : $\left(\frac{a}{A}=\frac{p}{q}=1\right)$, et celui qui parie face perdra toujours : $\left(\frac{a}{A}=\frac{p}{q}=0\right)$. Dans ces deux cas et dans ces deux cas seulement, nous sommes certains que $\frac{p}{q}$ sera toujours égal à $\frac{a}{A}$ quelle que soit la manière dont on joue effectivement les parties. Si donc, et c'est ici le stratagème de Bernouilli, nous choisissons, par rapport à un jeu de hasard quelconque, une *convention du jeu* telle que le $\frac{a}{A}$ correspondant soit égal à 1, nous pourrons conclure du $\left(\frac{a}{A}\right)$ rapport analytique pur, au $\left(\frac{p}{q}\right)$ résultat d'expérience.

Établissons d'abord toutes les séries possibles de q parties consécutives dans le jeu de pile ou face ordinaire ; nous avons fait précédemment le tableau de ces séries pour $q = 2$ et pour $q = 3$; nous savons que d'une manière générale, il y a 2^q séries possibles de q parties. Du moment que nous aurons fait, sur une feuille de papier, le tableau de ces 2^q séries, nous serons sûrs, quelle que soit d'ailleurs la manière dont nous nous y prendrons pour jouer effectivement les parties, que la série obtenue en jouant q fois sera l'une des séries du tableau ; de cela nous sommes parfaitement certains ; mais nous ne savons pas quelle série aura été historiquement réalisée ; or le $\left(\frac{p}{q}\right)$ varie d'une série à l'autre ; il varie de 0 (pour la série où il n'y a que des face) à 1 (pour la série où il n'y a que des pile).

Par exemple pour $q = 3$, il y aura une série où $\frac{p}{q} = 0$, 3 séries où $\frac{p}{q} = \frac{1}{3}$, 3 séries où $\frac{p}{q} = \frac{2}{3}$ et une série où $\frac{p}{q} = 1$.

Voilà tout ce que nous pouvons dire. Si on nous pose la question analytique suivante : quelle est la probabilité subjective, quel est le $\frac{a}{A}$ d'une série dans laquelle il y a deux coups pile sur trois, nous répondons en regardant notre tableau : La convention du jeu étant d'amener 2 fois pile sur 3 coups, la probabilité subjective est $\frac{3}{8}$, c'est-à-dire que, sur 8 séries possibles, il y en a 3 dans lesquelles cette convention est réalisée.

D'une manière générale, nous savons, sans faire le tableau dont je viens de parler, calculer analytiquement le $\left(\frac{a}{A}\right)$ relatif à une convention donnée du jeu, c'est-à-dire le rapport du nombre des séries possibles dans lesquelles cette convention est réalisée, au nombre total des séries possibles. Pour étudier le jeu de pile ou face ordinaire (celui où la série est d'une partie et où un joueur parie pour pile, l'autre pour face), nous allons donc définir une seconde convention du jeu, c'est-à-dire *un second jeu* relatif aux *mêmes parties* de pile ou face. Dans ce second jeu, la série est de q parties, et la convention est de chercher le rapport, au nombre total 2^q des séries possibles, du nombre des séries possibles dans lesquelles le rapport $\frac{p}{q}$ a une certaine valeur donnée à l'avance. Dans le jeu de pile ou face ordinaire, la probabilité subjective est de $\frac{1}{2}$; Bernouilli a établi la formule *purement analytique*, qui représente la probabilité subjective du nouveau jeu défini par la condition que l'on comptera comme favorables toutes les séries de q coups dans lesquelles le $\frac{p}{q}$ différera de $\frac{1}{2}$ d'une quantité inférieure en valeur absolue à un nombre ε donné à l'avance et aussi petit qu'on le veut; en d'autres termes, on comptera comme favorables toutes les séries dans lesquelles $\left(\frac{p}{q} - \frac{1}{2}\right)$ est compris entre $\pm\varepsilon$.

Nous n'avons pas besoin de connaître la formule à laquelle est arrivé Bernouilli. Cette formule est purement analytique; sa valeur est indiscutable; appelons-la si vous voulez, $f(q, \varepsilon)$, pour montrer simplement qu'elle dépend de q et d'ε. Voici maintenant le côté intéressant de la chose. Cette fonction de q et d'ε tend vers 1 quand

q augmente indéfiniment, quelque petit que soit ϵ.

Vous voyez aisément le stratagème. Pour un nombre *infini* de coups, la fonction en question sera égale à un ; or quand la probabilité subjective est égale à 1, la *probabilité* OBJECTIVE est aussi égale à 1. Donc, pour un nombre infini de coups, TOUTES les séries de q coups (et en particulier notre série unique, notre série expérimentale), auront *effectivement* un $\left(\dfrac{p}{q}\right)$ aussi voisin de $\dfrac{1}{2}$ que nous le voudrons. Nous en déduirons qu'une série expérimentale *quelconque*, du jeu ordinaire de pile ou face, aura effectivement, pourvu qu'elle soit prolongée assez longtemps, une probabilité aussi voisine que nous voudrons de $\dfrac{1}{2}$. Et ainsi, nous avons conclu de la probabilité subjective à la propriété objective, par un simple artifice analytique, *et sans faire intervenir aucunement la manière dont nous jouons effectivement les parties consécutives*. Or il est bien évident que, dans de telles conditions, notre conclusion est erronée ; je puis jouer le jeu en posant toujours la pièce de manière qu'elle montre le côté pile, et alors, quel que soit le nombre des parties jouées, la probabilité objective sera toujours 1 et non $\dfrac{1}{2}$.

C'est que notre raisonnement ne serait valable que si q était réellement infini. Le passage de la probabilité subjective à la probabilité objective n'est légitime que si la probabilité subjective est *rigoureusement* égale à zéro ou à 1. Or elle ne l'est *jamais* dans le cas que nous étudions, si grand que soit q ; il y a toujours en particulier une série possible dans laquelle il n'y a que des piles, et n'y eût-il que celle-là, du moment qu'elle est possible, notre raisonnement est en défaut.

Voyons en détail à quoi revient le stratagème de Bernouilli.

Je fais le tableau des séries pour $q=2$. Il y a une série où $\frac{p}{q}=1$, il y en a une où $\frac{p}{q}=0$ et deux où $\frac{p}{q}=\frac{1}{2}$.

Pour $q=4$, il y a une série où $\frac{p}{q}=1$, une où $\frac{p}{q}=0$, 4 où $\frac{p}{q}=\frac{1}{4}$, 4 où $\frac{p}{q}=\frac{3}{4}$ et 6 où $\frac{p}{q}=\frac{1}{2}$.

Pour $q=6$, il y a une série où $\frac{p}{q}=1$, une où $\frac{p}{q}=0$; 6 où $\frac{p}{q}=\frac{1}{6}$, et 6 où $\frac{p}{q}=\frac{5}{6}$; 15 où $\frac{p}{q}=\frac{1}{3}$ et 15 où $\frac{p}{q}=\frac{2}{3}$; 20 enfin où $\frac{p}{q}=\frac{1}{2}$.

Pour $q=8$, il y a toujours les 2 séries

uniques où $\frac{p}{q}$ vaut 1 et 0 ; 2 groupes de 8 séries où $\frac{p}{q}$ vaut $\frac{1}{8}$ ou $\frac{7}{8}$; 2 groupes de 28 séries où $\frac{p}{q}$ vaut $\frac{1}{4}$ ou $\frac{3}{4}$; 2 groupes de 56 séries où $\frac{p}{q}$ vaut $\frac{3}{8}$ et $\frac{5}{8}$, et enfin un groupe de 70 séries où $\frac{p}{q}$ vaut $\frac{1}{2}$.

Je m'excuse de cette longue énumération ; elle est indispensable.

Recherchons par exemple, dans chacun de ces tableaux, combien il y a de séries dont le $\left(\frac{p}{q}\right)$ est compris entre $\left(\frac{1}{2}+\frac{1}{4}\right)$ et $\left(\frac{1}{2}-\frac{1}{4}\right)$.

Pour $q=2$, il y a, sur 4 séries possibles, 2 séries remplissant la condition ; pour $q=4$, il y a sur 16 séries possibles, 14 séries remplissant la condition. Pour $q=6$, il y a, sur 64 séries possibles, 50 séries remplissant la condition ; Pour $q=8$, il y a, sur 256 séries possibles, 238 séries remplissant la condition, alors qu'il n'y en a que 18 qui ne la remplissent pas.

En continuant à faire les tableaux pour les valeurs croissantes de q, on remarquerait que les séries se massent de plus en plus dans la région où le $\frac{p}{q}$ est compris entre $\left(\frac{1}{2}+\frac{1}{4}\right)$ et $\left(\frac{1}{2}-\frac{1}{4}\right)$, et que leur nombre croît très vite dans cette région par rapport au nombre des séries extérieures à cette région.

Nous avons pris $\varepsilon = \frac{1}{4}$. Pour une valeur plus petite de ε, nous remarquerions de même que, à partir d'une certaine valeur de q, les séries se massent de plus en plus dans la région où le $\frac{p}{q}$ est compris entre $\left(\frac{1}{2}+\varepsilon\right)$ et $\left(\frac{1}{2}-\varepsilon\right)$. Et ceci sera vrai, si petit que soit ε, pour une valeur suffisante de q. *Voilà uniquement ce que nous apprend la formule de Bernouilli.* Étant donné un nombre ε aussi petit que l'on veut, on peut toujours trouver un nombre Q, tel que, à partir du moment où q aura dépassé cette valeur Q, le nombre des séries contenues dans la région du tableau où $\frac{p}{q}$ est compris entre $\left(\frac{1}{2}+\varepsilon\right)$ et $\left(\frac{1}{2}-\varepsilon\right)$, soit plus grand que le nombre des séries extérieures à cette région. Et à partir de ce moment, le nombre des séries remplissant la condition $\left(\frac{1}{2}-\varepsilon < \frac{p}{q} < \frac{1}{2}+\varepsilon\right)$ croîtra *beaucoup plus vite* que le nombre des séries pour lesquelles cette condition n'est pas remplie. De sorte que l'on pourra toujours trouver une valeur de q assez grande pour que le nombre des séries de la seconde catégorie soit *insignifiant* par rapport au nombre des séries de la première.

Ce résultat est purement analytique. Peut-on passer réellement, sans faire intervenir aucune considération étrangère aux mathématiques, de ce résultat analytique à une conclusion expérimentale ? Évidemment non. Si Bernouilli avait cru le faire, il aurait été lui-même dupe de son stratagème; il ne l'a sûrement pas été.

Quand on a joué un nombre très grand n de parties de pile ou face, on a obtenu UNE série de n coups. Il y a 2^n séries possibles, et la série obtenue est sûrement l'une de ces 2^n séries. Tant que nous n'avons pas fait intervenir dans nos raisonnements la manière dont se jouent effectivement les parties, nous ne pouvons rien dire de plus. Il va falloir définir la méthode physique suivie pour exécuter chaque partie. Définissons-la comme on le fait ordinairement, comme nous l'avons fait plus haut. Nous devons être, chaque fois, dans l'ignorance absolue du résultat qu'amènera la partie ; il faut qu'il n'y ait aucune loi à tirer de la succession des coups. Nous voilà obligés de recourir au sens commun; les mathématiques ne nous suffisent plus. L'analyse nous a appris que, sur 2^n séries possibles de n coups, il y en a un *très grand* nombre dans lesquelles le $\frac{p}{q}$ est voisin de $\frac{1}{2}$, et un nombre relativement *beaucoup* moindre dans lesquelles le $\frac{p}{q}$ est assez éloigné de $\frac{1}{2}$; et à mesure que n augmente, le nombre des premières séries augmente *beaucoup* plus vite que celui des secondes, de telle manière que, comme je le disais précédemment, le nombre des secondes finit par devenir *insignifiant* par rapport à celui des premières. Voici maintenant le raisonnement de sens commun : La série que nous obtenons effectivement en jouant n coups et l'une des 2^n séries possibles ; or, *d'après les conditions où nous nous sommes placés,* toutes ces séries sont ÉGALEMENT POSSIBLES, c'est-à-dire qu'il n'y a aucune raison pour que la série effectivement obtenue par l'expérience soit l'une de ces séries plutôt que l'autre. Une première conclusion à tirer de ce raisonnement est que même une série où $\frac{p}{q}$ est relativement éloigné de $\frac{1}{2}$ PEUT se réaliser effectivement si grand que soit n ; dans aucun cas, on ne pourra affirmer que la loi des grands nombres est une loi inéluctable. Mais d'autre part, pour un nombre n très grand, le nombre des séries dans lesquelles l'écart du $\frac{p}{q}$ avec $\frac{1}{2}$ est assez petit (pour que nous y déclarions vérifiée la loi des grand nombres), sera par exemple 100 000 fois plus grand que celui des séries où l'écart nous paraît intolérable. Nous aurons donc 100 mille groupes de séries où la loi est vérifiée et un seul groupe d'exception. Si nous jouons honnêtement une série de n coups, nous devrons par conséquent nous attendre à ce que la série obtenue soit comprise dans les cent mille groupes normaux, plutôt que dans le groupe exceptionnel. Il n'y a aucune raison pour prévoir que notre série fera partie de ce groupe exceptionnel ; il est donc plus probable qu'elle fera partie des cent mille groupes normaux. Et si elle se trouve par aventure, entrer dans l'exception, nous n'aurons pas à crier au miracle ; nous dirons seulement que l'événement est extraordinaire. Si, dans une loterie où il y a 100001 billets, Pierre prenait 1 billet et Paul 100000, il ne serait pas impossible que Pierre gagnât le gros lot ; mais ce serait extraordinaire.

Il y a plusieurs années, pendant qu'on construisait le caniveau du trolley souterrain du tramway électrique de la rue de Rennes, j'ai assisté à un fait de cet ordre. Sur la plate-forme du tramway en marche, le conducteur, me rendant la monnaie, laissa tomber une pièce de deux sous ; cette pièce traversa une fente unique percée dans le plancher, et tout juste grande comme une fente de tirelire. Le conducteur fit arrêter et descendit chercher sa pièce de deux sous ; elle avait rencontré sur le sol une fente à peu près de même dimension, percée dans une plaque de fonte, et avait pénétré dans l'égout sous-jacent. La chose était possible puisqu'elle s'est produite, mais il est vraisemblable qu'elle ne se reproduira plus jamais.

En réalité nous constatons chaque jour des coïncidences ausssi admirables, mais nous les constatons *après coup*. La loi des grands nombres nous apprend seulement qu'il serait insensé de s'y attendre, et de jouer sa fortune sur un tel accident. Voilà, à mon avis, à quoi se réduit cette loi des grands nombres. Des mathématiciens ont voulu y voir un simple « fait analytique ». Je n'accepte pas cette manière de voir. Le stratagème de Bernouilli, si on y regarde de près, nécessite *exactement le même* raisonnement de sens commun, que celui que nous avons fait tout à l'heure, sans nous servir de ce stratagème; nous avions été amenés à dire dans le premier cas : Il n'y a aucune loi de la succession des coups, donc il n'y a pas de raison pour... etc. Avec le procédé de Bernouilli, nous disons de même : De 2^n séries *également* possibles, il y en a 100000 qui réalisent la condition A et une qui réalise la condition B ; il n'y a aucune raison pour... etc.

Les deux raisonnements se valent; celui de Bernouilli est peut-être plus frappant, mais il est beaucoup plus dangereux puisqu'il *dissimule* le point essentiel de la méthode ; notre seul point de départ est que nous ne pouvons rien prévoir ; la prétendue loi des grands nombres n'est que la traduction littérale de cette impossibilité. Comme c'est là ce que je veux établir dans cet article, je n'hésite pas à y revenir une fois de plus en changeant encore une fois la forme de mon raisonnement.

Je joue une série de 32 parties de pile ou face ; j'obtiens une série de 32 coups et une seule. Or il y a plus de 15 millions de séries possibles de 32 coups. Il n'y a aucune raison pour que j'en obtienne une plutôt qu'une autre, et par conséquent, si j'avais choisi à l'avance la série que j'ai précisément obtenue, je n'aurais pas dû m'attendre à la voir réaliser. Je l'ai obtenue cependant, *mais je n'avais pas prévu le résultat.*

L'impossibilité de prévoir ; tout est là.

Or le théorème de Bernouilli nous amène à diviser le groupe de plus de 15 millions de séries possibles en deux parties extrêmement inégales ; l'une de ces parties qui contiendra plus de 15 millions de séries, l'autre qui en contiendra seulement quelques centaines. Le premier groupe sera le groupe des coups quelconques, le second le groupe des coups exceptionnels. Nous n'avons pas le droit de nous attendre d'avance à ce qu'une série effective de 32 coups coïncide avec l'une des séries exceptionnelles. Si, par aventure, ce résultat se produisait, nous songerions à l'existence d'une loi, et nous continuerions la série jusqu'à 64 coups par exemple *pour voir* si vraiment, il y a une loi. Pendant cette série de 32 coups, nous aurions l'attitude d'un homme qui croit à une possibilité partielle de prévoir. Or il n'y a aucune possibilité de prévoir, et voilà uniquement à quoi se réduit la loi des grands nombres ; à mesure que le nombre n augmentera, nous verrons ordinairement une série qui avait l'air de devoir être exceptionnelle prendre l'allure d'une série quelconque. Il me semble que, sous cette forme, on voit bien à quoi se réduit la prétendue loi des grands nombres : A MESURE QUE n AUGMENTE, IL FAUT S'ATTENDRE DE PLUS EN PLUS A CE QUE LA SÉRIE DE n COUPS SOIT UNE SÉRIE QUELCONQUE. On a eu l'idée d'appeler cela une loi parce que la définition de la série quelconque se ramène à une presque égalité entre le nombre des pile et des face. C'est cette presque égalité que l'on prévoit quand on dit que la série de n coups sera vraisemblablement une série quelconque, parce qu'il y a infiniment plus de séries quelconques que de séries exceptionnelles, et que d'autre part, comme AUCUNE LOI ne favorise une série par rapport à une autre, il serait bien étonnant qu'une série, obtenue effectivement une fois comme seule, fît partie du petit groupe des séries exceptionnelles.

D'ailleurs, le même raisonnement de simple bon sens qui seul nous a permis de conclure, nous permettrait aussi d'avancer cette autre assertion, avec le même degré de vraisemblance. Si grand que soit n, si l'on joue effectivement, non pas une série de n coups, mais 2^n séries de n coups (ce qui, pour n très grand demanderait plusieurs vies humaines) on devra s'attendre à ce que les 2^n séries obtenues soient prises au hasard dans les 2^n séries possibles, *aussi bien dans les séries exceptionnelles que dans les autres,* car les séries exceptionnelles ne sont aucunement moins possibles que les séries quelconques. Elles sont exceptionnelles seulement parce quelles sont MOINS NOMBREUSES.

*
* *

On s'étonnera peut-être que je noircisse tant de papier pour exposer des considération qui n'enlèveront au calcul des probabilités aucune parcelle de sa valeur, du moins dans les cas où son usage est légitime. J'avais déjà longuement traité cette question d'une manière différente, par de simples raisonnements de sens commun, et sans faire allusion au théorème de Bernouilli. Depuis cette époque, Borel a publié son beau livre des probabilités, dans lequel il a affirmé le danger de mes raisonnements de sens commun en les appelant des raisons de sentiment; M. Richard-Foy a repris à son compte le paradoxe de M. Poincaré disant que le *hasard obéit à des lois*. Je suis fait de telle manière que cette formule m'est intolérable. Le mot hasard et le mot loi me paraissent contradictoires l'un de l'autre, le premier signifiant impossibilité, le second possibilité de prévoir. Je devais donc rechercher quelle est la signification de cette prétendue *loi du hasard,* et voir aussi par quel subterfuge, peut-être ignoré d'eux-mêmes, les mathématiciens sont arrivés à croire que la simple analyse mathématique peut conduire à une loi physique. J'ai un respect infini pour les mathématiques, l'outil le plus impeccable qu'ait créé le génie de l'homme, et je ne douterai jamais de la valeur d'un calcul fait par un mathématicien éprouvé. Mais si, consciemment ou inconsciemment, le mathématicien mêle à ses calculs des raisonnements de sens commun, je n'ai aucune raison de croire que son bon sens vaut mieux que le mien, et je me permets de discuter la valeur de ses arguments. Voici par exemple un raisonnement de sens commun que Borel a exposé à mon intention dans son ouvrage, pour me montrer précisément le danger des raisonnements de sens commun. Je vais résumer son raisonnement que le lecteur trouvera tout au long dans son livre (p. 19) :

Pierre joue avec Paul à pile ou face à un sou la partie. Pierre se retire du jeu chaque fois qu'il a gagné un sou. En reprenant le jeu n fois, il aura donc gagné sûrement n sous, n étant aussi grand qu'on le voudra, car il est pratiquement certain que, dans toute partie, il arrive un moment où un joueur quelconque gagne un sou. Mais Paul serait de trop bonne composition s'il autorisait Pierre à faire Charlemagne indéfiniment. Au lieu de suspendre le jeu chaque fois qu'il a gagné un sou, il se contente donc de considérer que le jeu recommence à ce moment là, et, de sou en sou, il y aura *des moments*[1] où son gain sera aussi grand qu'un nombre quelconque fixé à l'avance ; il jouera donc à coup sûr. Mais Paul peut faire le même raisonnement : « son gain est donc aussi illimité, à condition que l'on puisse jouer assez longtemps » (*op. cit.*, p. 20). Et l'auteur conclut : « Telle est la conséquence absurde à laquelle on aboutit : chacun des joueurs réalise un gain qui croît proportionnellement au temps. » Une note de la page 19 montre que l'auteur attribue cette absurdité à ce que l'on a considéré comme sûr, pratiquement, d'arriver à un moment où un joueur donné gagne un sou, *tandis que ce n'est que presque sûr*. Or ce n'est pas du tout là qu'est l'erreur ; elle est, à mon avis, dans le raisonnement

---

[1]. C'est moi qui fais remarquer que cela arrivera seulement à certains moments.

même de Borel. Si vous voulez vous reporter aux raisonnements de sens commun dont j'ai accompagné, dans le présent chapitre, la courbe figurative placée quelques pages plus haut, vous verrez bien qu'il y a en effet des moments où, au bout d'un assez grand nombre de coups, Pierre gagne n'importe combien, et D'AUTRES MOMENTS où Paul gagne aussi n'importe combien. *Mais ce ne sont pas les mêmes moments.* Si l'on arrête le jeu quand Pierre gagne n sous, Paul les perd au même moment ; cela est de toute évidence, et il est néanmoins pratiquement certain que, de loin en loin, la courbe coupera l'axe des x, ce qui fait que, de temps en temps, les gains et les pertes s'équilibreront ; mais entre les points où elle coupe l'axe des x, la courbe passe à certains moments par des *maxima* (gains de Pierre) et à d'autres moments par des *minima* (gains de Paul). J'ai fait remarquer cela à Borel ; nous avons même eu à ce sujet une longue correspondance de laquelle est résulté un erratum ajouté à la deuxième édition de la théorie des probabilités (p. VII) ; or cet erratum prouve simplement que l'auteur a persisté dans sa manière de voir, et qu'il attribue l'erreur cachée sous un prétendu paradoxe à ce que l'on considère comme *sûr* un équilibre à venir qui n'est que *probable*.

Les questions de probabilité diffèrent des problèmes ordinaires de mathématiques, en ce qu'il faut *toujours* y faire intervenir, à côté du développement analytique, des raisonnements de sens commun : une fois établies les règles de calcul des probabilités subjectives, le rôle des mathématiciens est terminé ; n'importe qui peut se servir de leurs formules. En particulier, les conclusions philosophiques que l'on peut tirer de l'étude des probabilités sont indépendantes des méthodes — impeccables, je le répète — par lesquelles on arrive au calcul des probabilités subjectives. A mon avis, il y a, par exemple une distinction sérieuse à établir entre l'application du calcul des probabilités à l'étude *statistique* d'un très grand nombre de coups, et l'importance que certaines personnes veulent attribuer à ce même calcul pour la prévision du résultat d'un coup isolé.

Quand il s'agit d'un très grand nombre de coups, l'emploi du calcul des probabilités est absolument légitime, et ses résultats sont pratiquement aussi certains que les autres résultats de la physique mathématique. C'est ce qui a lieu par exemple pour les calculs de moyennes des actuaires et pour l'établissement de la loi de Mariotte dans la théorie cinétique des gaz. J'ai longuement exposé ces considérations ailleurs[1] : je n'y reviens pas ; il suffit de se reporter à la numération que

---

1. V. *De l'Homme à la Science*, op. cit., p. 234.

nous avons faite précédemment du nombre des séries quelconques par rapport aux séries exceptionnelles, pour comprendre que, sur 2^n séries se produisant à la fois, l'effet du petit nombre des séries exceptionnelles disparaît fatalement sous la masse infiniment plus importante des séries quelconques. Dans la même étude, j'ai exprimé plusieurs fois l'idée que la probabilité d'un corps isolé est une notion qui ne rime à rien. M. Richard-Foy prétend le contraire ; je dois donc revenir une fois de plus sur cette question.

*
* *

« Si le théorème de Bernouilli, écrit M. Richard-Foy[1] nous renseigne sur un grand nombre de coups, pouvons-nous dire que nous sommes dans l'état d'ignorance absolue vis-à-vis d'un petit nombre de coups ; ou, au contraire, le calcul des probabilités nous donne-t-il, même dans ce cas, quelques renseignements — et des renseignements de quelle valeur ? Par exemple, je vais jouer à la loterie ; je prends cent billets. Qu'est-ce que je veux dire lorsque j'affirme que j'ai 100 fois plus de *chances* de gagner que si je n'avais qu'un seul billet ? Et pourquoi le raisonnement de M. Le Dantec me choque-t-il,

---

1. *Op. cit.*, p. 393.

lorsqu'il qualifie de « supériorité purement « verbale » celle que je crois ainsi m'attribuer ? N'est-ce pas absurde de la payer, cette supériorité-là, et de la payer en espèces sonnantes, si M. Le Dantec a raison? »

Je vais précisément essayer de montrer que c'est absurde, et m'élever une fois de plus contre la coutume démoralisante des loteries. Mais je fais remarquer immédiatement que j'ai parlé de la probabilité *d'un coup isolé,* tandis que M. Richard-Foy raisonne sur « un petit nombre de coups ». Du moment qu'il y aura plus d'un coup, n'y en eût-il par exemple que 20 ou 30, nous rentrons plus ou moins dans la question de *probabilité stastistique* ; je m'en tiens à la question d'une loterie dans laquelle le gros lot seul intéresse. Je pourrais, puisqu'il s'agit d'une question expérimentale, rappeler les résultats des loteries des dernières années ; les journaux s'occupent généralement du gros lot et, le plus souvent, si ma mémoire est fidèle, les gros lots des loteries sensationnelles ont été gagnés par de pauvres diables qui avaient un seul billet. Mais je préfère laisser de côté cet argument historique et m'en tenir à des raisonnements de sens commun.

« On appelle, dit Borel[1], *espérance* mathé-

---

1. *Op. cit.*, p. 12.

matique d'un joueur le produit de son gain possible par la probabilité[1] qu'il a de le réaliser. » Et le même auteur ajoute judicieusement, quelques lignes plus loin : « On voit que l'expression *espérance mathématique* doit être regardée comme un vocable unique, ayant un sens bien déterminé qu'on ne doit pas chercher à interpréter dans le sens usuel des deux termes : *espérance* et *mathématique*. » Mais il eût bien mieux valu alors employer un autre vocable ne contenant pas de mots faisant image, car il ne manque pas de gens qui se sont ruinés pour avoir pris cette expression au pied de la lettre. « On dit qu'un jeu est *équitable*, dit encore Borel, lorsque l'espérance mathématique du joueur est égale à sa mise ; l'espérance mathématique d'une certaine somme peut donc être échangée contre cette somme, *dans le cas où l'on trouve un joueur disposé à accepter un certain jeu équitable*. » Ce dernier correctif fait passer le mot équitable qui est bien peu à sa place lorsqu'il s'agit de jeux de hasard. On pourrait dire, dans le langage courant, qu'un jeu est toujours équitable si ses conventions sont librement acceptées par les deux joueurs ; Rabelais dirait que le jeu est alors équitable, parce que les deux parte-

---

[1]. Probabilité *subjective*, bien entendu ; nous raisonnons ici *a priori*.

naires commettent une folie égale en risquant leur patrimoine sur un coup de hasard « ce qui est d'un fol ! ».

Je reprends la citation de M. Richard-Foy : « Supposons, pour fixer les idées, que j'aie à parier sur un coup de dés. Si on lance deux dés à la fois, la loi du jeu est que le point total 7 se trouve privilégié par rapport au point 2 par exemple : il y a une cause permanente qui tend à amener 7 plutôt que 2. Chaque coup isolé apporte d'ailleurs ses circonstances particulières qui viennent se superposer à cette cause permanente, et peuvent ainsi en masquer les effets. Parier sur 2, c'est donc mettre volontairement la loi du jeu contre moi, et compter sur le hasard, sur les causes inconnues, pour me faire quand même gagner. *Il est plus scientifique* de ne pas compter sur le hasard, et de parier pour 7. Or qu'ai-je fait pour trouver ce résultat ? J'ai calculé mes chances, j'ai étudié les probabilités subjectives. On a donc raison de calculer ses chances, même pour un coup isolé, à condition de ne pas s'illusionner et de se rappeler *qu'on ignore ce qui va se passer* » (*Op. cit.*, pp. 393-394). Si M. Richard-Foy a écrit ces lignes, c'est qu'il leur a trouvé un sens ; je ne suis pas fait comme lui et je trouve qu'il y a contradiction dans les termes. Sur 36 combinaisons possibles deux à deux des 6 faces de deux dés, il y en a 6 dont la somme est 7 ; il n'y en a qu'une dont la somme est 2. Si donc nous jouons *un grand nombre de coups de dés,* nous verrons se dessiner tôt ou tard une supériorité manifeste du nombre des coups 7 sur le nombre des coups 2. De cela nous pouvons donc parler *scientifiquement,* d'autant plus scientifiquement que le nombre des parties jouées sera plus grand. Mais pour un coup isolé, quoi qu'en pense M. Richard-Foy, il n'est pas plus scientifique de parier pour 7, puisque, il le dit lui-même avec raison, *on ignore ce qui va se passer.* La seule attitude scientifique est, dans ces conditions, *de ne pas parier du tout.* C'est discréditer à plaisir le mot *science* que de l'employer dans des cas où toute science est impuissante. Borel fait une remarque amusante au sujet de l'espérance mathématique, en la définissant dans le cas où Paul doit recevoir mille francs si deux parties consécutives de pile ou face amènent toutes deux *pile.* Son espérance mathématique est le produit du gain possible (1 000 francs) par la probabilité subjective $\left(\frac{1}{4}\right)$; c'est donc 250 francs. « Or, au sens vulgaire du mot, Paul a une certaine espérance de toucher 1 000 francs ; si cette espérance ne se réalise pas, il ne touchera rien du tout ; en aucun cas il ne touchera 250 francs, montant de son espérance mathématique[1]. » Enseignez cela à des débutants, et vous leur enlèverez à tout jamais la confiance légitime que tout homme cultivé doit avoir dans la perfection de l'outil mathématique.

Je ne veux pas insister sur une discussion oiseuse et qui pourrait s'éterniser ; ma seule idée en niant l'intérêt du mot probabilité appliqué à un coup isolé était d'obtenir qu'on réformât le langage dans lequel on expose ordinairement les questions de probabilité : « La valeur du mot *chances*, ai-je dit[2], n'est réelle que si l'on joue un grand nombre de coups. Il est donc au moins inutile d'exprimer la loi de probabilité relativement à un coup isolé, puisqu'on doit être obligé ensuite d'envisager un grand nombre de coups pour donner un sens à cette loi ». En employant la méthode ordinaire qui consiste à définir d'abord la probabilité d'un coup isolé, on enlève aux débutants la confiance qu'ils doivent avoir dans la langue mathématique, et on fournit un aliment très dangereux à la folie des joueurs. Si j'avais, pour ma part, à enseigner le calcul des probabilités, je ne conserverais pas le vocabulaire adopté. Je ne commencerais pas par les jeux de hasard envisagés comme des jeux dans lesquels un

---

1. Borel. *Op. cit.*, p. 12.
2. *Op. cit.*, p. 238.

joueur *parie* sur un coup ou sur une série de quelques coups. Le mot *parier,* le mot *chance,* seraient exclus de mon langage. Je définirais, par exemple, comme plus haut, la manière dont on joue une *partie* de pile ou face, sans attacher d'importance particulière au résultat d'une partie. Je ferais la courbe des résultats, comme je l'ai proposé au cours de ce chapitre, et j'envisagerais, au moyen du sens commun, et sans aucun appareil mathématique, les propriétés qu'impose à cette courbe l'impossibilité où nous nous trouvons de rien prévoir pour chacun des coups, la certitude où nous sommes qu'il n'y a aucune loi du jeu. J'ai montré précédemment les conclusions utiles que l'on peut tirer de cette manière de procéder.

Puis, je recommencerais l'exposé des choses d'une autre manière, en faisant le tableau des séries possibles ; je calculerais alors les formules des combinaisons sans prononcer le mot de probabilité ; ce serait la partie analytique du travail. Elle est inattaquable. Je montrerais ensuite, par des artifices mathématiques, que les séries se massent autour d'une certaine moyenne ; j'arriverais ainsi à la notion des séries quelconques et à la notion des séries exceptionnelles, et mes élèves ne croiraient pas que le fait, pour une série, *d'être quelconque,* implique l'existence de *lois du hasard.*

J'enseignerais ainsi tout ce qui est nécessaire pour les actuaires, pour la théorie cinétique des gaz, etc., sans avoir jamais prononcé le mot dangereux de *probabilité* ou de *chance* ; j'appellerais volontiers cette partie des mathématiques : « le calcul des moyennes, dans le cas des phénomènes qui ne sont soumis à aucune loi ».

Cela fait, je jetterais un coup d'œil en arrière, et je mettrais mes élèves en garde contre l'ancienne manière d'exposer le calcul des probabilités. Je leur enseignerais en particulier que le calcul des moyennes, excellent quand il s'agit d'un très grand nombre de coups, d'autant meilleur que le nombre de coups est plus grand, n'a plus grand sens quand ce nombre de coups est restreint, et perd toute valeur quand il s'agit d'un coup isolé.

Et ainsi mes auditeurs n'éprouveraient pas l'angoisse scientifique de croire que le hasard obéit à des lois, et ne seraient pas tentés d'aller essayer des martingales à Monte-Carlo.

CHAPITRE IV

CHAOS ET HARMONIE

§ 16.

TOTALISATION DES COUPS ET ÉCHELLE

La loi des grands nombres, nous venons de le voir, n'a aucun intérêt du moment qu'il s'agit d'un coup isolé, d'un phénomène qui se passe une seule fois dans le monde sans être soumis à aucune loi physique. D'autre part, s'il s'agit de phénomènes *successifs,* dont chacun se passe à son tour, comme dans le cas du jeu de pile ou face, la totalisation des coups ne présente pas d'intérêt, sauf si un homme, ou un être vivant qui dure, s'occupe de l'effectuer et d'en tirer parti, ce qui arrive par exemple dans les compagnies d'assurances.

La totalisation des coups présente un intérêt général beaucoup plus considérable s'il s'agit d'un grand nombre de phénomènes synchrones, dont chacun, séparément, n'est régi par aucune loi, mais dont l'ensemble peut jouer un rôle actuel dans le monde.

J'ai longuement étudié ailleurs[1] l'intérêt immense que présente, pour l'histoire de l'évolution des espèces, la totalisation des activités cellulaires dont l'ensemble constitue l'activité vitale d'un animal supérieur comme l'homme. J'ai montré que si l'on peut appliquer aux éléments de l'échelle cellulaire le langage darwinien qui laisse une place au hasard dans l'histoire de chaque cellule, le phénomène d'ensemble qui résulte de la synthèse de tous les phénomènes élémentaires, le fonctionnement de l'homme, ne peut se raconter que dans le langage lamarckien. J'ai même été conduit à reculer jusqu'à l'échelle particulaire, au-dessous de l'échelle cellulaire, le langage des darwiniens et à ne laisser de prise au hasard que dans l'histoire des plus petites unités vivantes de dimension protoplasmique ou colloïde, la cellule étant déjà un mécanisme organisé.

Je ne reviens pas ici sur cette question dans laquelle cependant se trouve un bel exemple de ce fait remarquable : chaos à l'échelle inférieure, lois rigoureuses à l'échelle supérieure. J'aime mieux m'attacher à l'étude plus simple d'un phénomène physique qui ne présente pas, comme le phéno-

---

1. *Lamarckiens et Darwiniens*. Paris, F. Alcan, 1900.

mène biologique, la difficulté résultant de l'intervention fatale des faits historiques passés dans la préparation des événements actuels. Je m'arrête donc à l'étude de la loi de Mariotte, dans laquelle il n'y a pas à s'occuper d'évolution.

§ 17.

DES GAZ AUX SOLIDES

Les gaz n'ont pas de forme par eux-mêmes; ils épousent la formes des récipients solides dans lesquels nous les enfermons, et une étude attentive prouve qu'ils remplissent très exactement ces vases. Aussi nous avons vu précédemment, dans l'histoire d'un diapason vibrant au sein de l'atmosphère, que cette déformation de la paroi du vase contenant l'air influence l'état d'équilibre de l'air; et l'air répète, résonateur indifférent[1], la phrase vibratoire du diapason. La présence d'un gaz dans un récipient se traduit par une pression mesurable exercée sur la paroi des vases. Cette pression s'exerce *uniformément* sur les paroi des vases, du moins s'il s'agit de vases assez peu étendus pour que la question du poids du gaz n'intervienne pas sensiblement.

1. Voyez *De l'Homme à la Science*. Paris, 1908, § 42.

Si l'on fait varier un autre facteur mesurable de l'état physique du gaz, la température, la pression varie parallèlement suivant la loi découverte par Gay-Lussac. Si l'on fait varier le volume, la pression varie encore suivant une autre loi que les Français appellent loi de Mariotte et que d'autres peuples appellent loi de Boyle.

Nous connaissons donc plusieurs lois relatives aux gaz contenus dans des récipients solides. Ces lois, jointes à d'autres considérations de physique générale et de chimie, ont conduit à une hypothèse, destinée à les expliquer toutes à la fois, et que l'on a appellée la théorie cinétique des gaz. Dans cette théorie, on suppose que les gaz sont formés d'un grand nombre de petits corpuscules animés de vitesses variant avec la température, mais dirigées dans des sens absolument quelconques, autrement dit, si l'on pouvait étudier avec précision pendant un temps donné, le mouvement d'un des corpuscules gazeux, la connaissance parfaite de ce mouvement particulaire ne nous renseignerait *aucunement* sur les mouvements des corpuscules voisins. C'est exactement le même cas que celui de deux coups successifs de pile ou face, avec cette différence que les coups de pile ou face sont successifs dans le temps et que les mouvements des diverses particules de gaz sont synchrones dans l'espace. Nous pouvons connaître les résultats de mille coups de pile ou face sans avoir aucun moyen de prévoir le mille et unième : nous pouvons connaître les mouvements de mille molécules gazeuses sans avoir aucun moyen de connaître la mille et unième. Il y a indépendance absolue entre ces mouvements qui ne sont reliés par aucune loi.

Le fait de l'uniformité de la pression exercée sur les parois des vases, les lois de Mariotte et de Gay-Lussac sont précisément des lois des grands nombres résultant de la totalisation des chocs produits sur un élément donné de surface découpé dans une paroi quelconque. Le fait que ces lois de grands nombres s'appliquent en toute rigueur nous permet donc de conclure que le chaos parfait est réalisé à l'échelle particulaire. S'il y avait une direction balistique favorisée par rapport à d'autres directions, les parois normales à cette direction favorisée subiraient une pression plus grande que les autres.

Il ne faut pas s'étonner que la loi de Mariotte soit la loi des grands nombres résultant du chaos des molécules gazeuses, puisque l'hypothèse cinétique a justement été imaginée de manière à vérifier la loi de Mariotte et les autres lois connues à notre échelle, relativement à la pression des gaz. Mais une remarque très intéressante va résulter pour nous du fait que, pour les gaz ordinaires de la nature, la loi de Mariotte ne s'applique pas tout à fait exactement. Cette loi devient de moins en moins exacte à mesure que les gaz se rapprochent davantage, en se refroidissant, de la température à laquelle ils se liquéfient. La conclusion de cette remarque se présente sous une forme assez inattendue : De même que, dans un gaz parfait, la loi de Mariotte se vérifie rigoureusement à notre échelle parce qu'il n'y a *aucune loi* de direction du mouvement des molécules gazeuses, de même, à mesure que le gaz, tendant à se liquéfier, devient moins parfait, la loi de Mariotte devient moins exacte, parce qu'il apparaît des ébauches de liaisons, des embryons de lois à l'échelle moléculaire.

Cette propriété du refroidissement progressif *qui fait apparaître les lois* est vraiment extraordinaire. Nous nous l'expliquons cependant avec assez de facilité dans l'hypothèse atomique et stéréochimique. A une température assez élevée, les vitesses des corpuscules sont trop grandes pour que les liaisons résultant des propriétés de ces corpuscules puissent se manifester ; pour employer une image grossière, le fait que les atomes sont ronds ou cubiques n'entre pas en ligne de compte quand ils sont lancés très vite dans la mêlée. Mais à mesure que les vitesses diminuent, les affinités des corpuscules

les uns pour les autres commencent à entrer en ligne de compte, et il n'est plus indifférent, quand on approche du point de liquéfaction, que les molécules gazeuses soient des molécules de chlore ou des molécules d'oxygène.

Le phénomène devient encore plus remarquable quand on passe, par refroidissement, d'un liquide à un solide cristallisé. Alors que le liquide était ordinairement amorphe et isotrope [1], la formation d'un cristal ayant des propriétés très précises met en évidence des particularités de la forme et de l'affinité des molécules, qui, à l'état liquide, ne se laissaient pas deviner. Il ne faut pas oublier cependant, ce que j'ai exposé en détail, dans le premier chapitre de ce livre, que, malgré l'existence de propriétés précises dans les cristaux d'une espèce donnée, chacun de ces cristaux, considéré individuellement, porte la trace des *conditions historiques* dans lesquelles il s'est formé ; ces conditions historiques, non prévues dans l'*hérédité* du cristal, nous les avons appelées son *éducation*. Cette éducation a ceci de particulier que, à moins de connaître tous les éléments de l'univers, personne ne peut prévoir quel sera

---

[1]. Isotrope veut dire « qui est doué des mêmes propriétés dans toutes les directions » : c'est une qualité des chaos vrais.

son rôle dans la formation du cristal. En outre, une fois le cristal formé, il porte la trace des événements historiques qui ont dirigé sa fabrication, mais on ne peut retrouver en lui les éléments de l'histoire à laquelle il a été mêlé ; les événements historiques se sont passés une fois et une fois seulement ; quand ils laissent une trace *durable* sous forme d'un corps solide, il n'y a plus *ensuite* de raison dans le monde pour que ce corps solide soit ce qu'il est. Pour tout ce qui est du domaine de l'éducation, on doit s'en tenir à la formule narrative : les choses sont comme elles sont et non autrement.

Or, à partir du moment où un corps *durable* s'est formé, il joue un rôle dans le monde ; il a des propriétés déterminées qui entrent en jeu dans les phénomènes ultérieurs ; il fait partie, si j'ose m'exprimer ainsi, de *l'hérédité des phénomènes ultérieurs*. Mais il y a eu, dans sa genèse, une part historique, une part de hasard. Nous constatons donc, en prenant les choses dans un sens très général que le hasard a joué un rôle indéniable dans la fabrication des hérédités. Nous avons déjà vu précédemment que cela avait lieu dans l'histoire des êtres vivants. Voyons s'il ne serait pas possible de concevoir que, à de certains moments, le hasard *seul* a construit des hérédités durables dans la nature inorganique. Nous trouvons des exemples d'une telle construction dans la forme des roches et des galets roulés, qui dérive uniquement de nécessités historiques, et qui néanmoins joue ensuite un rôle dans le monde ; mais nous pouvons nous élever à des spéculations plus hautes, et deviner la possibilité d'une évolution comme celle du monde, sortant du chaos absolu. Ici l'hypothèse va jouer un rôle considérable ; mais la narration historique des faits passés contient toujours une grande part d'hypothèse.

§ 18.

L'ÉVOLUTION HISTORIQUE DES MONDES

La plupart des vieilles cosmogonies ont fait sortir l'Univers du chaos. Tout le monde connaît les fameux vers d'Ovide :

> Ante mare et terras et, quod tegit omnia, cœlum,
> Unus erat toto naturæ vultus in orbe,
> Quem dixere Chaos, rudis indigestaque moles,
> Nec quidquam nisi pondus iners, congestaque eodem
> Non bene junctarum discordia semina rerum.

Cette idée grandiose du *vultus unus in orbe,* le Dr Prout crut en trouver la démonstration arithmétique dans la comparaison des poids atomiques des corps simples. Cette comparaison démontrait pour lui l'unité fondamentale de la matière. On a beaucoup discuté la valeur scientifique de la loi de Prout, et l'on s'est efforcé d'apporter, comme devant fournir des éléments décisifs à cette discussion, une grande précision dans la mesure des poids atomiques des corps. Tout récemment, la *Revue scientifique*[1] rappelait les intéressantes recherches de Hinrichs dans cette voie et exprimait le regret qu'on n'en eût pas tenu assez de compte. La découverte du *radium* a redonné de la vigueur à cette théorie de l'unité de la matière. Si je me permets de parler ici de cette question dans laquelle je n'ai aucune compétence, c'est pour mettre en évidence, dans la narration de la genèse des choses actuelles sorties du chaos, le rôle des facteurs dont la biologie nous a appris l'emploi nécessaire en histoire, l'*hérédité* et l'*éducation*.

Admettons, si vous voulez, la loi de Prout; cela nous permettra d'avoir un point de départ; mais la méthode narrative que je préconise ici s'applique sans hypothèse à tous les événements actuels du mode; elle reste bonne; même pour ceux qui n'admettent pas l'unité fondamentale et originelle de la matière pondérable.

Au début, le chaos d'Ovide; un seul aspect dans l'univers, là du moins où il y a quelque chose; des corpuscules tous identiques se mouvant sans obéir à aucune loi. Ce

---

1. *L'Unité de la matière*, 21 janvier 1911.

n'est pas l'homogénéité, c'est le chaos sans lois. A cette époque, la narration historique est extraordinairement compliquée, chaque corpuscule décrivant un trajet indépendant de celui de toutes les autres [1], comme dans les gaz parfaits ; mais il y a néanmoins une histoire, si compliquée qu'elle soit, l'histoire individuelle de tous les corpuscules matériels et de tous leurs chocs.

A mesure que les vitesses diminuent (pourquoi diminuent-elles ?) le chaos devient moins parfait ; des liaisons se produisent entre certains groupes de corpuscules rapprochés par des hasards historiques, et il se constitue, par suite, des associations durables issues du chaos primitif. Dans l'hypothèse de Prout, ces premières associations durables sont les corps simples, ou au moins les éléments qui ensuite, par des phénomènes nouveaux de coalescence, sont devenus les corps simples connus aujourd'hui.

Dès maintenant, je fais deux remarques :

D'abord, le nombre des corps simples étant limité (il y en a moins de 100), on ne peut pas attribuer leur formation au hasard seul ; une éducation quelconque, relative à des corpuscules quelconques, aurait conduit à des associations quelconques en nombre infini. La matière initiale de Prout n'était donc

---

[1]. Sauf naturellement dans le cas des chocs fortuits.

pas quelconque ; ses particules avaient des *propriétés* qui, non manifestées avant leur coalescence, se sont démontrées par la construction de 80 et quelques édifices et de ceux-là seulement. Il y avait donc, déjà dans les corpuscules du chaos, une *hérédité* à remarquer ; cette *hérédité* ou ensemble de propriétés des corpuscules permettait 80 et quelques associations primaires, autorisant ainsi un certain polymorphisme, mais un polymorphisme limité.

La deuxième remarque est la suivante : il n'y a aucune raison pour que l'hérédité primitive ait été unique ; il y avait, peut-être, deux[1], trois, voire même 7 espèces de corpuscules primitifs, ayant chacune son hérédité spécifique ; la narration serait la même, mais avec 2, 3 ou 7 facteurs. Et puisque notre esprit ne se refuse pas à l'hypothèse de 2, 3 ou 7 facteurs primitifs, il n'y a pas de raison non plus pour qu'il n'en admette pas immédiatement 80. Si donc la loi de Prout n'était pas vraie, toute l'histoire ultérieure du monde présenterait des faits analogues à ceux que nous connaissons. En particulier, pour nous biologistes, cette loi ne présente aucun intérêt réel, car les corps simples étaient sûrement constitués avant l'apparition de la vie.

Quoi qu'il en soit, les premiers phénomè-

---

[1]. Par exemple, les électrons positifs et négatifs.

nes de coalescence par refroidissement ont déjà mis en évidence l'existence d'une ou de plusieurs hérédités, mais d'une *hérédité* au moins. Ce sont les hasards de l'éducation qui ont fait apparaître, ici des molécules de soufre, là des molécules de chlore, etc. Mais ces molécules une fois formées, et tant qu'elles ont duré (car rien n'empêche que des associations se soient détruites ultérieurement ; nous voyons bien se former des cristaux de glace dans l'eau, et ces cristaux qui jouent un rôle historique pendant qu'ils durent, peuvent disparaître ensuite en fondant), ces molécules, dis-je, une fois formées par hasard, ont joué, parmi les phénomènes ultérieurs du monde, un rôle dans lequel intervenait leur hérédité, c'est-à-dire l'ensemble de leurs propriétés *actuelles*. Un premier hasard avait donc donné naissance à des hérédités qui avaient ensuite joué un rôle dans les hasards ultérieurs. Des agglomérations nouvelles se sont formées de nouveau, dans lesquelles les hérédités précédemment constituées ont encore joué un rôle, et ainsi de suite ; il y a eu une histoire du monde, dans laquelle, à chaque instant, intervenaient les hérédités actuelles et les circonstances fortuites qui les rapprochaient. Il y a eu une histoire du monde et une seule, et la conséquence de cette histoire est que, aujourd'hui, les choses sont comme elles sont et non autrement. Dans le monde actuel, nous découvrons de nombreuses lois physiques, ces lois sont l'expression des propriétés des corp actuels et de leurs relations les uns avec les autres. Or, il est évident que le hasard des rencontres historiques a joué un rôle très grand dans la genèse des propriétés des corps actuels. Toutes les hérédités des corps successifs ont été la conséquence des hérédités des corps précédents et des hasards de circonstances historiques. En remontant à la source, nous trouvons uniquement l'hérédité de la matière primitive ou des matières primitives. Tout le reste est hasard ; c'est-à-dire qu'il n'y avait presqu'aucune raison *a priori* (hérédité) pour que le monde fût comme il est ; il y avait seulement l'hérédité de la matière primitive, et nous pourrions aisément concevoir que d'autres hasards aient produit un monde différent, dans lequel il y aurait seulement, en commun avec notre monde actuel, les propriétés initiales des matières initales.

Des astres divers se sont constitués, prenant tous une forme voisine de la sphère, qui est, on s'en rend compte aisément, la forme fatale de toute agglomération dans laquelle il n'existe aucune direction prépondérante ou différenciée ; la forme sphérique est la plus voisine du chaos ; c'est celle où l'hérédité joue le moindre rôle ; c'est celle des œufs et des proembryons dans lesquels l'accumulation du vitellus inerte masque les hérédités morphogènes : c'est celle des ondes vibratoires rayonnant autour d'un corps vibrant dans un milieu dépourvu de propriété dirigée ; et cette forme de la surface sphérique des ondes nécessite la loi du carré des distances dans la gravitation, l'acoustique et la photométrie.

Dans l'un de ces astres, la Terre, qui nous intéresse plus que les autres, et qui a eu d'abord la forme d'un sphéroïde tournant autour d'un axe, des solidifications de roches ont introduit des éléments durables ; ces solidifications ont eu des raisons historiques dont elles restent le seul témoin. Une fois des corps solides formés, ces corps ont joué un rôle dans l'histoire ultérieure du globe ; ils ont apporté leur contingent d'activité individuelle dans la construction historique des reliefs du sol ; ils ont limité les vases dans lesquels se sont rassemblées les eaux, et qu'on appelle océans. A chaque instant, les événements historiques, dirigés par le relief actuel du sol ont modifié ce relief. Nous assistons encore aujourd'hui à des variations incessantes de la géographie physique du globe ; on étudie en géologie les lois de ces *phénomènes actuels*. Ce sont des phénomènes physiques et chimiques, au cours desquels les agents météorologiques attaquent, suivant des lois bien déterminées, les montagnes et les vallées. L'évolution de notre globe semble présenter des variations de moins en moins considérables, à mesure que la carcasse solide de la terre est plus résistante ; l'érosion des roches produit des résultats beaucoup moins importants pour la configuration des continents que les soulèvements et les affaissements dont la minceur primitive de la croûte terrestre facilitait naguère la réalisation. Sans doute il se produira encore des convulsions dans l'écorce terrestre, mais nous devons penser que ces convulsions deviendront de moins en moins fréquentes à mesure que le refroidissement épaissira la croûte solide du globe.

Quoi qu'il en soit, marquée par des phénomènes plus ou moins importants, cette évolution a duré jusqu'à nous et dure encore. La forme de la Terre actuelle est le résultat de son évolution historique ; rien ne nous empêche de penser qu'une autre évolution eût pu conduire à une autre distribution des terres et des eaux. Nous ne connaissons aucune raison, en dehors de la raison historique, pour que les choses soient comme elles sont, plutôt qu'autrement. La preuve en est que, s'il existe encore des régions inaccessibles du globe, nous ne pouvons pas deviner comment elles sont faites ; nous ne connaîtrons leur géographie que quand nous les aurons visitées, parce que leur relief du sol a pour seule raison d'être une histoire passée, que nous ne connaissons pas. Et cependant, nous trouvons que le monde est admirable ; nous nous extasions sur les harmonies de la nature ! C'est que le monde, avec les reliefs successifs qu'il a dus à son histoire a été le cadre dans lequel s'est développé la vie. C'est l'adaptation, propriété des êtres vivants, qui a modifié les êtres vivants de façon à les mettre à leur aise dans le monde ; c'est parce que nous sommes adaptés au monde que nous trouvons le monde harmonieux.

§ 19.

LA VIE

Comment la vie a t-elle apparu ? Mystère ! A-t-elle apparu une fois ou plusieurs fois, en un seul point ou en plusieurs lieux distincts ? nous l'ignorerons probablement toujours. Ce qui est certain, c'est qu'elle a apparu au moins une fois et qu'elle a duré depuis, en conservant certains caractères qui lui ont valu de conserver le même nom, les caractères qui définissent la vie et qui distinguent tous les êtres vivants des corps bruts. La vie a apparu sous une certaine forme, c'est-à-dire que la première substance vivante avait des qualités spécifiques, une hérédité particulière ; de cette hérédité primitive nous ne savons rien, sinon que l'être qui en était porteur était capable de vivre dans le milieu où il avait apparu, sans quoi il serait mort et la vie aurait disparu. Il était *apte* à assimiler les éléments du milieu, et à se multiplier par là même, car il est bien vraisemblable, malgré tout ce qu'on a supposé à cet égard, que les conditions dans lesquelles vivent les protoplasmas entraînent fatalement la nécessité d'un morcellement dès que la masse vivante dépasse certaines dimensions. Les divers descendants de ce premier être vivant ont été emportés par les hasards, par les courants, dans des régions variées du monde ; la plupart, rencontrant des conditions défavorables, sont morts ; mais quelques-uns ont survécu, puisque la vie dure encore. Ils ont survécu en se modifiant, en s'adaptant à ces conditions nouvelles, et chacun d'eux a fait souche à son tour ; chacun d'eux, avec son hérédité du moment, a été le point de départ d'une ou de plusieurs lignées dont quelques-unes ont duré jusqu'à nos jours sans interruption, de sorte que tout être, vivant aujourd'hui, vit en réalité depuis l'origine de la vie.

Il faut rappeler cependant les interruptions des lignées, ou plutôt les suspensions momentanées du phénomène vital par la maturation sexuelle ; j'ai donné ailleurs les raisons qui m'ont amené à considérer les gamètes ou éléments sexuels *mûrs* comme des éléments *morts*. La Revue scientifique, dans un numéro récent[1], s'est inscrite en faux contre cette assertion ; elle s'appuie pour cela sur ce que « M. Lécaillon a montré que chez beaucoup d'espèces animales... l'œuf non fécondé est susceptible d'évoluer dans une direction semblable à celle que suit l'œuf fécondé ». Mais cela prouve seulement que, dans les espèces considérées, les ovules ne mûrissent pas *complètement*. J'ai montré, dans mon Traité de biologie, que ce phénomène est la règle dans beaucoup de cas, et que la maturation totale semble au contraire se produire à peu près toujours dans le sexe masculin. Il ne faut pas en conclure que les gamètes mûrs sont vivants, mais bien que les gamètes non mûrs ne sont pas complètement morts, quoique susceptibles d'être fécondés, s'ils le sont partiellement, comme cela a lieu chez l'abeille.

Cette suspension de la vie pendant la préparation du phénomène sexuel n'introduit pas d'ailleurs de discontinuité dans les lignées. Il y a seulement là un certain laps de temps pendant lequel l'évolution est suspendue, mais dès que la fécondation a lieu, tout ce qui était commun aux patrimoines héréditaires des deux parents se retrouve dans le

---

[1]. 14 janvier 1911, p. 60.

patrimoine héréditaire de l'œuf ; or c'est ce quelque chose de commun aux êtres contemporains d'une même espèce qui est le patrimoine spécifique de la lignée.

Ainsi que nous l'avons vu plus haut, l'éducation individuelle comprend tous les événements auxquels se trouve mêlé l'être vivant ; on peut donc dire que, de tous ces événements, il a plus ou moins profondément l'expérience. Mais beaucoup des modifications que subit l'individu ne retentissent pas jusque dans le patrimoine chimique héréditaire ; une grande partie de l'expérience de chacun meurt donc avec lui ; l'expérience ancestrale comprend seulement les particularités d'expérience individuelle qui ont pu s'inscrire dans l'hérédité de la lignée.

Cependant, chez les animaux vivant en société comme les hommes, les acquisitions de l'expérience individuelle peuvent être communiquées à des contemporains et se transmettre ainsi, de génération en génération, autrement que par l'hérédité. La *tradition* joue en effet un rôle très important dans l'histoire de l'homme ; en particulier, c'est à elle que nous devons la Science, recueil commun de toutes les découvertes de chacun.

A côté de l'hérédité qui transmet les acquisitions inscrites au patrimoine chimique, l'éducation par les parents transmet les plus importantes des autres, et comme tous les enfants sont élevés par leurs parents ou par des êtres de la génération précédente, il nous est difficile de savoir aujourd'hui ce qui, chez nous, est produit de l'hérédité ou produit de l'éducation[1]. Que ce soit d'ailleurs par l'hérédité ou par l'éducation, c'est par suite d'une évolution historique que chacun de nous est ce qu'il est. Or, nous sommes merveilleusement adaptés au monde ambiant ; la plupart des lois physiques de ce monde sont plus ou moins inscrites en nous, de manière que, au moyen de notre *logique,* nous pouvons nous livrer à des *déductions* qui nous mènent, sans erreur, d'un phénomène naturel observé, à un autre phénomène inconnu que nous découvrons ainsi grâce à notre seul mécanisme. Et c'est là la plus haute expression de l'harmonie universelle pour un homme qui vit dans l'univers : trouver en soi l'indication de tous les phénomènes extérieurs possibles, en se reportant à un minimum de données observées. C'est ce que nous faisons en physique mathématique, Science par excellence.

Grâce à la théorie de l'évolution, ce résultat prodigieux s'explique sans effort, non sans doute dans le détail, mais dans les grandes lignes de son histoire. Pour que nous soyons aujourd'hui des hommes, et des

---

1. Pour le rôle de l'imitation dans l'éducation. V. *Science et Conscience.* Paris, 1909.

hommes savants, il a suffi qu'un jour les événements historiques (hasards), entourant la formation d'un corps nouveau, lui aient donné l'hérédité d'un corps vivant ; cette hérédité, provenant d'hérédités de corps bruts préexistants et de hasards antérieurs de l'histoire des corps bruts, a été le point de départ de lignées, dans lesquelles les hérédités se sont transmises intégralement ou modifiées par adaptation suivant les cas. Voilà tout ce que nous trouvons dans l'histoire qui a pour aboutissant un Lavoisier ou un Pasteur. La logique des hommes est le résultat prodigieux d'une histoire qui n'a rien d'extraordinaire dans ses détails, et qui a été dirigée, par la seule hérédité des éléments primitifs de la matière, à travers des hasards qu'aucune loi ne guidait. Et notre logique nous permet aujourd'hui de deviner la nature sans la connaître, ce qui est la plus remarquable conséquence de l'harmonie établie entre la nature et nous ; avec notre logique nous pouvons faire de l'*intuition* qui a une valeur scientifique.

Mais nous avons en nous, à côté de notre logique, et provenant comme elle, soit de la tradition, soit des hérédités acquises par nos ancêtres, un autre mécanisme que nous appelons notre mécanisme moral. Or, ce mécanisme provient, non des rapports expérimentaux établis, à chaque moment de notre évolution spécifique, entre nos ancêtres et les phénomènes du monde, mais bien de *conventions* sociales résultant de la vie en commun. L'un des grands dangers de l'intuition est de ne pas faire le départ entre ces deux mécanismes si différents ; le second ne nous renseigne pas sur les lois de la nature, mais bien sur l'histoire sociale de notre espèce ; et c'est, à mon avis, la grande erreur de certains métaphysiciens[1] que de peupler la nature d'entités qui sont représentées dans notre hérédité morale, mais qui ne sauraient exister dans l'hérédité d'individus logiques dont les ancêtres n'auraient jamais vécu en société[2].

1. Voyez Réflexions d'un Philistin sur la métaphysique. *Grande Revue*, 10 juillet 1910.
2. J'ai longuement étudié l'origine et le développement de nos vertus sociales dans un livre, actuellement sous presse, et qui paraîtra en octobre prochain chez Flammarion sous le titre : L'Égoïsme, *seule base de toute société. Étude des déformations résultant de la vie en commun.*

TABLE DES MATIÈRES

Pages

CHAPITRE PREMIER. — ÉCHELLES ET HARMONIE.

- § 1. — L'échelle humaine. 1
- § 2. — L'harmonie du cristal. 11
- § 3. — Les corps vivants. 19
- § 4. — Hérédité et éducation ; première notion du hasard. 30
- § 5. — Élasticité et réciprocité. 39

CHAPITRE II. — HARMONIE ET ADAPTATION.

- § 6. — La forme individuelle. 53
- § 7. — Le point de vue. 58
- § 8. — Fonctionnement et caractères acquis. . . . 62
- § 9. — L'égoïsme animal. 73
- § 10. — Coordination et maladie. 76
- § 11. — Intelligence et liaisons. 81
- § 12. — Vie et hasard. 87
- § 13. — Lois et harmonie. 100
- § 14. — La définition du hasard. 105

CHAPITRE III. — LES PRÉTENDUES LOIS DU HASARD ET LE STRATAGÈME DE BERNOUILLI.

- § 15. — Les mathématiciens et la probabilité. . . . 114

CHAPITRE IV. — CHAOS ET HARMONIE.

- § 16. — Totalisation des coups et échelle. 171
- § 17. — Des gaz aux solides. 173
- § 18. — L'évolution historique des mondes. 179
- § 19. — La vie. 187

CHARTRES. — IMPRIMERIE DURAND, RUE FULBERT.

LIBRAIRIE FÉLIX ALCAN

MAISONS FÉLIX ALCAN ET GUILLAUMIN RÉUNIES

EXTRAIT DU CATALOGUE

SCIENCES — MÉDECINE — HISTOIRE — PHILOSOPHIE
ECONOMIE POLITIQUE — STATISTIQUE — FINANCES

TABLE DES MATIÈRES

Bibliothèque scientifique internationale. 2	Bibliothèque de philosophie contemporaine, format in-18. 20
Nouvelle collection scientifique. 4	Bibliothèque de philosophie contemporaine, format in-8. 23
Collection médicale. . . . 5	
Pathologie et thérapeutique médicale. 7	Collection des principaux économistes. 29
Pathologie et thérapeutique chirurgicales. . . . 9	Collection des économistes et publicistes contemporains. 30
Thérapeutique. — Pharmacie. — Hygiène. . . 10	
Anatomie. — Physiologie. - 10	Bibliothèque des Sciences morales et politiques. . 31
Bibliothèque générale des Sciences sociales 12	Collection d'auteurs étrangers contemporains. . . 33
Les Maîtres de la Musique. 13	
Bibliothèque d'histoire contemporaine. 14	Petite bibliothèque économique 34
Bibliothèque utile. 18	Publications périodiques. . 35

PARIS

108, BOULEVARD SAINT-GERMAIN, 108 (6ᵉ)

—

JANVIER 1911

BIBLIOTHÈQUE SCIENTIFIQUE INTERNATIONALE

Volumes in-8, cartonnés à l'anglaise.

Derniers volumes publiés :

CUÉNOT (L.). La genèse des espèces animales, illustré. 12 fr.
LE DANTEC (Félix). La stabilité de la vie. 6 fr.
ROUBINOVITCH (Dr J.). Aliénés et anormaux, illustré. 6 fr.

Précédemment parus :

Sauf indication spéciale, tous ces volumes se vendent 6 francs.

ANGOT. Les aurores polaires, illustré.
ARLOING. Les virus, illustré.
BAGEHOT. Lois scientifiques du développement des nations, 7ᵉ édition.
BAIN (Alex.). L'esprit et le corps, 6ᵉ édition.
— La science de l'éducation, 11ᵉ édition.
BENEDEN (Van). Les commensaux et les parasites dans le règne animal, 4ᵉ édition, illustré.
BERNSTEIN. Les sens, 5ᵉ édition, illustré.
BERTHELOT, de l'Institut. La synthèse chimique, 10ᵉ éd.
— La révolution chimique, Lavoisier, ill., 2ᵉ édition.
BINET. Les altérations de la personnalité, 2ᵉ édition.
BINET et FÉRÉ. Le magnétisme animal, 5ᵉ éd., illustré.
BLASERNA et HELMHOLTZ. Le son et la musique, 5ᵉ éd.
BOURDEAU (L.). Histoire du vêtement et de la parure.
BRUNACHE. Au centre de l'Afrique ; autour du Tchad, ill.
CANDOLLE (A. de). Origine des plantes cultivées, 4ᵉ édit.
CARTAILHAC. La France préhistorique, 2ᵉ éd., illustré.
CHARLTON BASTIAN. Le cerveau et la pensée, 2ᵉ éd., 2 vol. illustrés.
— L'évolution de la vie, avec figures dans le texte et 12 planches hors texte.
COLAJANNI. Latins et Anglo-Saxons. 9 fr.
CONSTANTIN (Cᵗᵉ). Le rôle sociologique de la guerre et le sentiment national.
COOKE et BERKELEY. Les champignons, 4ᵉ éd., illustré.
COSTANTIN (J.). Les végétaux et les milieux cosmiques (*Adaptation, évolution*), illustré.
— La nature tropicale, illustré.
— Le transformisme appliqué à l'agriculture, illustré.
DAUBRÉE, de l'Institut. Les régions invisibles du globe et des espaces célestes, 2ᵉ édition, illustré.
DEMENY (G.). Les bases scientifiques de l'éducation physique, 4ᵉ éd., illustré.
— Mécanisme et éducation des mouvements, 4ᵉ éd. 9 fr.
DEMOOR, MASSART et VANDERVELDE. L'évolution régressive en biologie et en sociologie, illustré.
DRAPER. Les conflits de la science et de la religion. 12ᵉ éd.
DUMONT (Léon). Théorie scientifique de la sensibilité, 4ᵉ éd.
GELLÉ (E.-M.). L'audition et ses organes, illustré.

GRASSET (J.). Les maladies de l'orientation et de l'équilibre, illustré.
GROSSE (E.). Les débuts de l'art, illustré.
GUIGNET (E.) et E. GARNIER. La céramique ancienne et moderne, illustré.
HERBERT SPENCER. Introduction à la science sociale, 14ᵉ éd.
— Les bases de la morale évolutionniste, 7ᵉ édition.
HUXLEY (Th.-H.), L'écrevisse, 2ᵉ édition, illustré.
JACCARD. Le pétrole, le bitume et l'asphalte, illustré.
JAVAL. Physiologie de la lecture et de l'écriture, 2ᵉ éd. illustré.
LAGRANGE (F.). Physiologie des exercices du corps, 10ᵉ éd.
LALOY. Parasitisme et mutualisme dans la nature, ill.
LANESSAN (de). Introduction à la botanique. *Le sapin*, 2ᵉ édit., illustré.
— Principes de colonisation.
LE DANTEC. Théorie nouvelle de la vie, 4ᵉ éd., illustré.
— Évolution individuelle et hérédité.
— Les lois naturelles, illustré.
LOEB. La dynamique des phénomènes de la vie, ill.   9 fr.
LUBBOCK. Les sens et l'instinct chez les animaux, ill.
MALMÉJAC. L'eau dans l'alimentation, illustré.
MAUDSLEY. Le crime et la folie, 7ᵉ édition.
MEUNIER (Stanislas). La géologie comparée, illustré.
— Géologie expérimentale, 2ᵉ éd., illustré.
— La géologie générale, 2ᵉ édit., illustré.
MEYER (de). Les organes de la parole, illustré.
MORTILLET (G. de). Formation de la nation française, 2ᵉ édition, illustré.
MOSSO. Les exercices physiques et le développement intellectuel.
NIEWENGLOWSKI. La photographie et la photochimie, illust.
NORMAN LOCKYER. L'évolution inorganique, illustré.
PERRIER (Ed.), de l'Institut. La philosophie zoologique avant Darwin, 3ᵉ édition.
PETTIGREW. La locomotion chez les animaux, 2ᵉ éd., ill.
QUATREFAGES (A. de). L'espèce humaine, 15ᵉ édition.
— Darwin et ses précurseurs français, 2ᵉ édition.
— Les émules de Darwin, 2 vol.
RICHET (Ch.). La chaleur animale, illustré.
ROCHÉ. La culture des mers en Europe, illustré.
SCHMIDT. Les mammifères dans leurs rapports avec leurs ancêtres géologiques, illustré.
SCHUTZENBERGER, de l'Institut. Les fermentations, 6ᵉ édit. illustré.
SECCHI (Le Père). Les étoiles, 3ᵉ édit., 2 vol. illustrés.
STALLO. La matière et la physique moderne, 3ᵉ édition.
STARCKE. La famille primitive.
STEWART (Balfour). La conservation de l'énergie, 6ᵉ éd.
THURSTON. Histoire de la machine à vapeur, 3ᵉ éd., 2 vol.
TOPINARD. L'homme dans la nature, illustré.
VRIES (Hugo de). Espèces et variétés, 1 vol.   12 fr.
WHITNEY. La vie du langage, 4ᵉ édition.
WURTZ, de l'Institut. La théorie atomique, 8ᵉ édition.

NOUVELLE COLLECTION SCIENTIFIQUE

DIRECTEUR : ÉMILE BOREL, professeur à la Sorbonne.

VOLUMES IN-16 A 3 FR. 50 L'UN

Derniers volumes publiés.

L'aviation, par PAUL PAINLEVÉ et ÉMILE BOREL. 4ᵉ édit., revue et augmentée. 1 vol. in-16, avec figures . . . . . 3 fr. 50
La race slave, *statistique, démographie, anthropologie*, par LUBOR NIEDERLE, professeur à l'Université de Prague. Traduit du tchèque et précédé d'une préface par L. LEGER, de l'Institut. 1 vol. in-16, avec une carte en couleurs hors texte. . . . . 3 fr. 50
L'évolution des théories géologiques, par STANISLAS MEUNIER, professeur au Muséum d'Histoire naturelle. 1 vol. in-16, avec gravures. . . . . 3 fr. 50

Précédemment parus.

Éléments de philosophie biologique, par F. LE DANTEC, chargé du cours de biologie générale à la Sorbonne. 1 vol. in-16. 2ᵉ éd. . . . . 3 fr. 50
La voix. *Sa culture physiologique. Théorie nouvelle de la phonation*, par le Dʳ P. BONNIER, laryngologiste de la clinique médicale de l'Hôtel-Dieu. 3ᵉ éd. in-16. 3 fr. 50
De la méthode dans les sciences :
   1. *Avant-propos*, par M. P.-F. THOMAS, docteur ès lettres, professeur de philosophie au lycée Hoche. — 2. *De la science*, par M. EMILE PICARD, de l'Institut. — 3. *Mathématiques pures*, par M. J. TANNERY, de l'Institut. — 4. *Mathématiques appliquées*, par M. PAINLEVÉ, de l'Institut. — 5. *Physique générale*, par M. BOUASSE, professeur à la Faculté des Sciences de Toulouse. — 6. *Chimie*, par M. JOB, professeur au Conservatoire des arts et métiers. — 7. *Morphologie générale*, par M. GIARD, de l'Institut. — 8. *Physiologie*, par M. LE DANTEC, chargé de cours à la Sorbonne. — 9. *Sciences médicales*, par M. PIERRE DELBET, professeur à la Faculté de médecine de Paris. — 10. *Psychologie*, par M. TH. RIBOT, de l'Institut. — 11. *Sciences sociales*, par M. DURKHEIM, professeur à la Sorbonne. — 12. *Morale*, par M. LÉVY-BRUHL, professeur à la Sorbonne. —13. *Histoire*, par M. G. MONOD, de l'Institut. 2ᵉ éd. 1 vol. in-16. . . . . 3 fr. 50
L'éducation dans la famille. *Les péchés des parents*, par P.-F. THOMAS, professeur. 1 vol. in-16. 3ᵉ édit. . . 3 fr. 50
La crise du transformisme, par F. LE DANTEC. 2ᵉ éd. 1 vol. in-16. . . . . 3 fr. 50
L'énergie, par W. OSTWALD, prof. honoraire à l'Université de Leipzig (prix Nobel de 1909), traduit de l'allemand par E. PHILIPPI, licencié ès sciences. 2ᵉ éd. 1 vol. in-16. 3 fr. 50
Les états physiques de la matière, par CH. MAURAIN, professeur à la Faculté des Sciences de Caen. 2ᵉ édit. 1 vol. in-16, avec figures. . . . . 3 fr. 50
La chimie de la matière vivante, par JACQUES DUCLAUX, préparateur à l'Institut Pasteur. 2ᵉ édit. 1 vol. in-16. 3 fr. 50

COLLECTION MÉDICALE

ÉLÉGANTS VOLUMES IN-12, CARTONNÉS A L'ANGLAISE, A 4 ET A 3 FRANCS

DERNIERS VOLUMES PUBLIÉS :

Manuel de pratique obstétricale à l'usage des sages-femmes, par le D' E. PAQUY, avec 107 gravures dans le texte. 4 fr.
Essais de médecine préventive, par le D' P. LONDE. 4 fr.
La joie passive, par le D' R. MIGNARD. Préface du D' G. DUMAS. 4 fr.
Guide pratique de puériculture, à l'usage des docteurs en médecine et des sages-femmes, par le D' DELÉARDE. 4 fr.

PRÉCÉDEMMENT PARUS :

La mimique chez les aliénés, par le D' G. DROMARD. 4 fr.
L'amnésie, par les D" G. DROMARD et J. LEVASSORT. 4 fr.
La mélancolie, par le D' R. MASSELON, médecin adjoint à l'asile de Clermont. (*Couronné par l'Académie de médecine*). 4 fr.
Essai sur la puberté chez la femme, par M'" le D' MARTHE FRANCILLON, ancien interne des hôpitaux de Paris. 4 fr.
Hygiène de l'alimentation dans l'état de santé et de maladie, par le D' J. LAUMONIER, avec gravures. 3° éd. 4 fr.
Les nouveaux traitements, par *le même*. 2° édit. 4 fr.
Les embolies bronchiques tuberculeuses, par le D' CH. SABOURIN, médecin du sanatorium de Durtol, avec gravures. 4 fr.
Manuel d'électrothérapie et d'électrodiagnostic, par le D' E. ALBERT-WEIL, avec 88 gravures. 2° éd. 4 fr.
La mort réelle et la mort apparente, diagnostic et traitement de la mort apparente, par le D' S. ICARD, avec gravures. 4 fr.
L'hygiène sexuelle et ses conséquences morales, par le D' S. RIBBING, prof. à l'Univ. de Lund (Suède). 3° édit. 4 fr.
Hygiène de l'exercice chez les enfants et les jeunes gens, par le D' F. LAGRANGE, lauréat de l'Institut. 9° édit. 4 fr.
De l'exercice chez les adultes, par *le même*. 6° édition. 4 fr.
Hygiène des gens nerveux, par le D' LEVILLAIN, avec gravures. 5° éd. 4 fr.
L'éducation rationnelle de la volonté, son emploi thérapeutique, par le D' PAUL-EMILE LÉVY. Préface de M. le prof. BERNHEIM. 8° édition. 4 fr.
L'idiotie. *Psychologie et éducation de l'idiot*, par le D' J. VOISIN, médecin de la Salpêtrière, avec gravures. 4 fr.

La famille névropathique, *Hérédité, prédisposition morbide, dégénérescence*, par le D' Ch. Féré, médecin de Bicêtre, avec gravures. 2ᵉ édition. 4 fr.

L'instinct sexuel. *Évolution, dissolution*, par le même. 2ᵉ éd. 4 fr.

Le traitement des aliénés dans les familles, par le même. 3ᵉ édition. 4 fr.

L'hystérie et son traitement, par le D' Paul Sollier. 4 fr.

Manuel de psychiatrie, par le D' J. Rogues de Fursac, ancien chef de clinique à la Faculté de Paris. 3ᵉ éd. 4 fr.

L'éducation physique de la jeunesse, par A. Mosso, professeur à l'Univers. de Turin. Préface du commandant Legros. 4 fr.

Manuel de percussion et d'auscultation, par le D' P. Simon, professeur à la Faculté de médecine de Nancy, avec grav. 4 fr.

Morphinisme et Morphinomanie, par le D' Paul Rodet. (*Couronné par l'Académie de médecine*.) 4 fr.

La fatigue et l'entrainement physique, par le D' Ph. Tissié, avec gravures. Préface de M. le prof. Bouchard. 3ᵉ édition. 4 fr.

Les maladies de la vessie et de l'urèthre chez la femme, par le D' Kolischer ; trad. de l'allemand par le D' Beuttner, de Genève ; avec gravures. 4 fr.

Grossesse et accouchement, *Étude de socio-biologie et de médecine légale* par le D' G. Morache, professeur de médecine légale à l'Université de Bordeaux. 4 fr.

Naissance et mort, *Étude de socio-biologie et de médecine légale*, par le même. 4 fr.

La responsabilité, *Étude de socio-biologie et de médecine légale*, par le D' G. Morache, prof. de médecine légale à l'Université de Bordeaux, associé de l'Académie de médecine. 4 fr.

Traité de l'intubation du larynx de l'enfant et de l'adulte, *dans les sténoses laryngées aiguës et chroniques*, par le D' A. Bonain, avec 42 gravures. 4 fr.

Pratique de la chirurgie courante, par le D' M. Corner, Préface du P' Ollier, avec 111 gravures. 4 fr.

Dans la même collection :

COURS DE MÉDECINE OPÉRATOIRE
de M. le Professeur Félix Terrier :

Petit manuel d'antisepsie et d'asepsie chirurgicales, par les D" Félix Terrier, professeur à la Faculté de médecine de Paris, et M. Péraire, ancien interne des hôpitaux, avec grav. 3 fr.

Petit manuel d'anesthésie chirurgicale, par *les mêmes*, avec 37 gravures. 3 fr.

L'opération du trépan, par *les mêmes*, avec 222 grav. 4 fr.

Chirurgie de la face, par les D" Félix Terrier, Guillemain et Malherbe, avec gravures. 4 fr.

Chirurgie du cou, par *les mêmes*, avec gravures. 4 fr.

Chirurgie du cœur et du péricarde, par les D" Félix Terrier et E. Reymond, avec 79 gravures. 3 fr.

Chirurgie de la plèvre et du poumon, par *les mêmes*, avec 67 gravures. 4 fr.

MÉDECINE

Dernières publications :

HARTENBERG (Dr P.). **L'Hystérie et les hystériques.** 1 vol. in-16.   3 fr. 50

JANET (Dr Pierre). **L'État mental des hystériques.** 2ᵉ édition. 1 vol. in-8, avec gravures dans le texte.   18 fr.

LEGUEU (Prof. F.). **Traité chirurgical d'urologie.** Préface de M. le Prof. Guyon. 1 fort vol. gr. in-8 de viii-1382 p., avec 663 grav. dans le texte et 8 pl. en couleurs hors texte, cartonné à l'angl.   40 fr.

LÉVY (Dr P.-E.). **Neurasthénie et névroses.** *Leur guérison définitive en cure libre.* 2ᵉ édit. 1 vol. in-16.   5 fr.

MARIE (Dr A.). **Traité international de psychologie pathologique.** Tome I : *Psychopathologie générale*, par MM. les Prof. Grasset, Del Greco, Dr A. Marie, Prof. Mally, Mingazzini, Drs Dide, Klippel, Levaditi, Lugaro, Marinesco, Médéa, L. Lavastine, Prof. Marro, Clouston, Bechterew, Ferrari, Prof. Carrarra. 1 vol. gr. in-8, avec 353 gr. dans le texte.   25 fr.

     Tome II : *Psychopathologie clinique*, par MM. les Prs, Bagenoff, Bechterew, Drs Colin, Capgras, Deny, Hesnard, Lhermitte, Magnan, A. Marie, Pr Pick, Pilcz, Dr Riche, Roubinovitch, Sérieux, Sollier, Pr Ziehen, 1 vol. gr. in-8, avec 341 gr.   25 fr.

     Tome III terminant l'ouvrage. (*Sous presse*).

MONOD (Pr Ch.) et VANVERTS (J.). **Chirurgie des artères**, *Rapport au XXIIᵉ Congrès de chirurgie*. 1 vol. in-8.   2 fr.

REVERDIN (Pr J.-L.). **Leçons de chirurgie de guerre.** *Des blessures faites par les balles des fusils.* Préface de H. Nimier. 1 vol. in-8, avec 7 pl. en phototypie hors texte.   7 fr. 50

STEWART (Dr Pierre). **Le diagnostic des maladies nerveuses.** Traduction et adaptation française, par le Dr Gustave Scherb. Préface de M. le Dr E. Helme. 1 vol. in-8 avec 208 fig. et diagrammes.   15 fr.

PRÉCÉDEMMENT PARUS :

Pathologie et thérapeutique médicales.

BERGER et LOEWY. **Les troubles oculaires d'origine génitale chez la femme.** 1 vol. in-18.   3 fr. 50

CAMUS et PAGNIEZ. **Isolement et psychothérapie.** *Traitement de la neurasthénie.* Préface du Pr Déjerine. 1 vol. gr. in-8.   9 fr.

CORNIL (V.), RANVIER, BRAULT et LETULLE. **Manuel d'histologie pathologique.** 3ᵉ édition entièrement remaniée.

     Tome I, par MM. Ranvier, Cornil, Brault, F. Bezançon et M. Cazin. — *Histologie normale. — Cellules et tissus normaux. — Généralités sur l'histologie pathologique. — Altération des cellules et des tissus. — Inflammations. — Tumeurs. — Notions sur les bactéries. — Maladies des systèmes et des tissus. — Altérations du tissu conjonctif.* 1 vol. in-8, avec 387 gravures en noir et en couleurs.   25 fr.

     Tome II, par MM. Durante, Jolly, Dominici, Gombault et Philippe. — *Muscles. — Sang et hématopoïèse. — Généralités sur le système nerveux.* 1 vol. in-8, avec 278 grav. en noir et en couleurs.   25 fr.

Tome III, par MM. Gombault, Nageotte, A. Riche, R. Marie, Durante, Legry, F. Bezançon. — *Cerveau.* — *Moelle.* — *Nerfs.* — *Cœur.* — *Larynx.* — *Ganglion lymphatique.* — *Rate.* 1 vol. in-8, avec 382 grav. en noir et en couleurs. 35 fr.

Tome IV et dernier, par MM. Milian, Dieulafé, Herpin, Decloux, Critzmann, Courcoux, Brault, Legry, Hallé, Klippel et Lefas. — *Poumon.* — *Bouche.* — *Tube digestif.* — *Estomac.* — *Intestin.* — *Foie.* — *Rein.* — *Vessie et urèthre.* — *Rate.* (Sous presse).

DESCHAMPS (A.). **Les maladies de l'énergie.** Les asthénies générales. *Épuisements, insuffisances, inhibitions.* (Clinique et Thérapeutique). Préface de M. le professeur Raymond. 1 vol. in-8. 2ᵉ édit. 8 fr. (*Couronné par l'Académie de médecine*).

FÉRÉ (Ch.). **Les épilepsies et les épileptiques.** 1 vol. gr. in-8, avec 12 planches hors texte et 67 grav. dans le texte. 20 fr.
— **La pathologie des émotions.** 1 vol. in-8. 12 fr.

FINGER (E.). **La syphilis et les maladies vénériennes.** Trad. de l'allemand avec notes par les docteurs Spillmann et Doyon. 3ᵉ édit. 1 vol. in-8, avec 8 planches hors texte. 12 fr.

FLEURY (Maurice de), de l'Académie de médecine. **Introduction à la médecine de l'esprit.** 8ᵉ édit. 1 vol. in-8. 7 fr. 50. (*Couronné par l'Académie française et par l'Académie de médecine.*)
— **Les grands symptômes neurasthéniques.** 4ᵉ édition, revue. 1 vol. in-8. (*Couronné par l'Académie des sciences.*) 7 fr. 50
— **Manuel pour l'étude des maladies du système nerveux.** 1 vol. gr. in-8, avec 132 grav. en noir et en couleurs, cart. à l'angl. 25 fr.

FRENKEL (H. S.). **L'ataxie tabétique.** *Ses origines, son traitement.* Préface de M. le Prof. Raymond. 1 vol. in-8. 8 fr.

GRASSET. **Les maladies de l'orientation et de l'équilibre.** 1 vol. in-8, cart. à l'angl. 6 fr.
— **Demifous et demiresponsables.** 2ᵉ édition. 1 vol. in-8. 5 fr.

GUÉPIN. **Traitement de l'hypertrophie sénile de la prostate.** 1 vol. in-18. 4 fr. 50

HARTENBERG (P.). **Psychologie des neurasthéniques.** 2ᵉ édition. 1 vol. in-16. 3 fr. 50

JANET (P.) et RAYMOND (F.). **Névroses et idées fixes.**
Tome I. — *Études expérimentales*, par P. Janet. 2ᵉ éd. 1 vol. gr. in-8 avec 68 gr. 12 fr.
Tome II. — *Fragments des leçons cliniques*, par F. Raymond et P. Janet. 2ᵉ éd. 1 vol. grand in-8, avec 97 gravures. 14 fr
(*Couronné par l'Académie des Sciences et par l'Académie de médecine.*)

JANET (P.) et RAYMOND (F.). **Les obsessions et la psychasthénie.**
Tome I. — *Études cliniques et expérimentales*, par P. Janet. 2ᵉ édit. 1 vol. gr. in-8, avec grav. dans le texte. 18 fr.
Tome II. — *Fragments des leçons cliniques*, par F. Raymond et P. Janet. 1 vol. in-8 raisin, avec 22 gravures dans le texte. 14 fr.

JOFFROY (le prof.) et DUPOUY. **Fugues et vagabondage.** 1 vol. in-8. 7 fr.

LABADIE-LAGRAVE et LEGUEU. **Traité médico-chirurgical de gynécologie.** 3ᵉ édition entièrement remaniée. 1 vol. grand in-8, avec nombreuses fig., cart. à l'angl. 25 fr.

LAGRANGE (F.). **Les mouvements méthodiques et la « mécanothérapie ».** 1 vol. in-8, avec 55 gravures dans le texte. 10 fr.
— **La médication par l'exercice.** 1 vol. gr. in-8, avec 68 grav. et une planche en couleurs hors texte. 2ᵉ éd. 12 fr.
— **Le traitement des affections du cœur par l'exercice et le mouvement.** 1 vol. in-8 avec figures. 6 fr.

LE DANTEC (F.). **Introduction à la pathologie générale.** 1 fort vol. gr. in-8. 15 fr.

LÉPINE (le prof. R.). **Le Diabète sucré.** 1 vol. gr. in-8. 16 fr.

MÉDECINE ET SCIENCES

MARVAUD (A.). **Les maladies du soldat.** 1 vol. grand in-8. (*Ouvrage couronné par l'Académie des sciences.*) 20 fr.

MOSSÉ. **Le diabète et l'alimentation aux pommes de terre.** 1 vol. in-8. 5 fr.

SÉRIEUX et CAPGRAS. **Les folies raisonnantes.** 1 vol. in-8. 7 fr.

SOLLIER (P.). **Genèse et nature de l'hystérie.** 2 vol. in-8. 20 fr.

UNNA. **Thérapeutique des maladies de la peau.** Traduit de l'allemand par les D⁻ˢ Doyon et Spillmann. 1 vol. gr. in-8. 8 fr.

VOISIN (J.). **L'épilepsie.** 1 vol. in-8. 6 fr.

Pathologie et thérapeutique chirurgicales.

CORNIL (le prof. V.). **Les tumeurs du sein.** 1 vol. gr. in-8, avec 169 fig. dans le texte. 12 fr.

DE BOVIS. **Le cancer du gros intestin.** 1 volume in-8. 5 fr.

DELORME. **Traité de chirurgie de guerre.** 2 vol. gr. in-8. Tome I, 16 fr. — Tome II, 26 fr. (*Ouvrage couronné par l'Académie des sciences.*)

DURET (H.). **Les tumeurs de l'encéphale.** *Manifestations et chirurgie.* 1 fort vol. gr. in-8, avec 300 figures. 20 fr.

ESTOR. (le prof.) **Guide pratique de chirurgie infantile.** 1 vol. in-8, avec 165 gravures. 2ᵉ édition, revue et augmentée. 8 fr.

HENNEQUIN ET LOEWY. **Les luxations des grandes articulations, leur traitement pratique.** 1 vol. gr. in-8, avec 125 grav. dans le texte. 16 fr.

LEGUEU. **Leçons de clinique chirurgicale** (Hôtel-Dieu, 1901). 1 vol. grand in-8, avec 71 gravures dans le texte. 12 fr.

LIEBREICH. **Atlas d'ophtalmoscopie,** représentant l'état normal et les modifications pathologiques du fond de l'œil vues à l'ophtalmoscope. 3ᵉ éd. Atlas in-f° de 12 pl. en coul. et texte explicatif. 40 fr.

NIMIER (H.). **Blessures du crâne et de l'encéphale par coup de feu.** 1 vol. in-8, avec 150 fig. 15 fr.

NIMIER (H.) et DESPAGNET. **Traité élémentaire d'ophtalmologie.** 1 fort vol. gr. in-8, avec 432 gravures. Cart. à l'angl. 20 fr.

NIMIER (H.) et LAVAL. **Les projectiles de guerre** et leur action vulnérante. 1 vol. in-12, avec grav. 3 fr.

— **Les explosifs, les poudres, les projectiles d'exercice,** leur action et leurs effets vulnérants. 1 vol. in-12, avec grav. 3 fr.

— **Les armes blanches,** leur action et leurs effets vulnérants. 1 vol. in-12, avec grav. 6 fr.

— **De l'infection en chirurgie d'armée,** évolution des blessures de guerre. 1 vol. in-12, avec grav. 6 fr.

— **Traitement des blessures de guerre.** 1 fort vol. in-12, avec gravures. 6 fr.

F. TERRIER et M. PÉRAIRE. **Manuel de petite chirurgie.** 8ᵉ édition, entièrement refondue. 1 fort vol. in-12, avec 572 fig., cartonné à l'anglaise. 8 fr.

— et AUVRAY (M.). **Chirurgie du foie et des voies biliaires.** — Tome I. *Traumatismes du foie et des voies biliaires. — Foie mobile. — Tumeurs du foie et des voies biliaires.* 1901. 1 vol. gr. in-8, avec 50 gravures. 10 fr.

Tome II. *Echinococcose hydatique commune. — Kystes alvéolaires. — Suppurations hépatiques. — Abcès tuberculeux intra-hépatique. — Abcès de l'actinomycose.* 1907. 1 vol. gr. in-8, avec 47 gravures. 12 fr.

Thérapeutique. Pharmacie. Hygiène.

BOSSU. **Petit compendium médical.** 6ᵉ édit. in-32, cart. 1 fr. 25
BOUCHARDAT. **Nouveau formulaire magistral.** 31ᵉ édition. *Collationnée avec le Codex de 1908.* 1 vol. in-18, cart. 4 fr.
BOUCHARDAT et DESOUBRY. **Formulaire vétérinaire**, 6ᵉ édit. 1 vol. in-18, cartonné. 4 fr.
BOUCHUT et DESPRÉS. **Dictionnaire de médecine et de thérapeutique médicale et chirurgicale,** comprenant le résumé de la médecine et de la chirurgie, les indications thérapeutiques de chaque maladie, la médecine opératoire, les accouchements, l'oculistique, l'odontotechnie, les maladies d'oreilles, l'électrisation, la matière médicale, les eaux minérales, et un formulaire spécial pour chaque maladie, mis au courant de la science par les Dʳˢ Marion et F. Bouchut. 7ᵉ édition, très augmentée, 1 vol. in-4, avec 1097 fig. dans le texte et 3 cartes. Broché, 25 fr. ; relié. 30 fr.
BOURGEOIS (G.). **Exode rural et tuberculose.** 1 vol. gr. in-8. 5 fr.
LAGRANGE (F.). **La médication par l'exercice.** 1 vol. grand in-8, avec 68 grav. et une carte en couleurs. 2ᵉ éd. 12 fr.
— **Les mouvements méthodiques et la « mécanothérapie ».** 1 vol. in-8, avec 55 gravures. 10 fr.
LAHOR (Dʳ Cazalis) et Lucien GRAUX. **L'alimentation à bon marché saine et rationnelle.** 1 vol. in-16. 2ᵉ édit. 3 fr. 50
(Couronné par l'Institut).

Anatomie. Physiologie.

BELZUNG. **Anatomie et physiologie végétales.** 1 fort volume in-8, avec 1700 gravures. 20 fr.
— **Anatomie et physiologie animales.** 10ᵉ édition revue. 1 fort volume in-8, avec 522 gravures dans le texte, broché, 6 fr.; cart. 7 fr.
BÉRAUD (B.-J.). **Atlas complet d'anatomie chirurgicale topographique,** composé de 100 planches représentant plus de 300 figures gravées sur acier, avec texte explicatif. 1 fort vol. in-4.
Prix : Fig. noires, relié, 60 fr. — Fig. coloriées, relié, 120 fr.
CHASSEVANT. **Précis de chimie physiologique.** 1 vol. gr. in-8, avec figures. 10 fr.
CORNIL (V.), RANVIER, BRAULT et LETULLE. **Manuel d'histologie pathologique.** 3ᵉ édition entièrement remaniée.
Tome I, par MM. Ranvier, Cornil, Brault, F. Bezançon et M. Cazin. — *Histologie normale. — Cellules et tissus normaux. — Généralités sur l'histologie pathologique. — Altération des cellules et des tissus. — Inflammations. — Tumeurs. — Notions sur les bactéries. — Maladies des systèmes et des tissus. — Altérations du tissu conjonctif.* 1 vol. in-8, avec 387 gravures en noir et en couleurs. 25 fr.
Tome II, par MM. Durante, Jolly, Dominici, Gombault et Philippe. — *Muscles. — Sang et hématopoïèse. — Généralités sur le système nerveux.* 1 vol. in-8, avec 278 grav. en noir et en couleurs. 25 fr.
Tome III, par MM. Gombault, Nageotte, A. Riche, R. Marie, Durante, Legry, F. Bezançon. — *Cerveau. — Moelle. — Nerfs. — Cœur. — Larynx. — Ganglion lymphatique. — Rate.* 1 vol. in-8, avec 382 grav. en noir et en couleurs. 35 fr.
Tome IV et dernier, par MM. Milian, Dieulafé, Herpin, Decloux, Critzmann, Courcoux, Brault, Legry, Hallé, Klippel et Lefas. — *Poumon. — Bouche. — Tube digestif. — Estomac. — Intestin. — Foie. — Rein. — Vessie et urèthre. — Rate. (Sous presse.)*
CYON (E. de). **Les nerfs du cœur.** 1 vol. gr. in-8 avec fig. 6 fr.

DEBIERRE. Traité élémentaire d'anatomie de l'homme.
Ouvrage complet en 2 volumes. (*Cour. par l'Acad. des Sciences*). 40 fr.
  Tome I. *Manuel de l'amphithéâtre.* 1 vol. gr. in-8 de 950 pages, avec 450 figures en noir et en couleurs dans le texte. 20 fr.; — Tome II. 1 vol. gr. in-8, avec 515 fig. en noir et en couleurs dans le texte. 20 fr.
— **Atlas d'ostéologie**, comprenant les articulations des os et les insertions musculaires. 1 vol. in-4, avec 253 grav. en noir et en couleurs, cart. toile dorée. 12 fr.
— **Leçons sur le péritoine.** 1 vol. in-8, avec 58 figures. 4 fr.
— **Le cerveau et la moelle épinière.** 1 vol. in-8 illustré. 15 fr.
DEMENY (G.). Mécanisme et éducation des mouvements. 3ᵉ éd. 1 vol. in-8, avec grav. cart. 9 fr.
FAU. Anatomie des formes du corps humain, à l'usage des peintres et des sculpteurs. 1 atlas in-folio de 25 planches. Prix : Figures noires, 15 fr. — Figures coloriées. 30 fr.
FÉRÉ. Travail et plaisir. *Études de psycho-mécanique.* 1 vol. gr. in-8, avec 200 fig. 12 fr.
GELLÉ. L'audition et ses organes. 1 vol. in-8, avec grav. 6 fr.
GLEY (E.). Études de psychologie physiologique et pathologique. 1 vol. in-8 avec gravures. 5 fr.
JAVAL (E.). Physiologie de la lecture et de l'écriture. 1 vol. in-8. 2ᵉ édit. 6 fr.
LE DANTEC. L'unité dans l'être vivant. *Essai d'une biologie chimique.* 1 vol. in-8. 7 fr. 50
— **Les limites du connaissable.** *La vie et les phénomènes naturels.* 2ᵉ édit. 1 vol. in-8. 3 fr. 75
— **Traité de biologie.** 1 vol. grand in-8, avec fig., 2ᵉ éd. 15 fr.
PREYER. Éléments de physiologie générale. Traduit de l'allemand par M. J. Soury. 1 vol. in-8. 5 fr.
RICHET (Ch.), professeur à la Faculté de médecine de Paris, **Dictionnaire de physiologie**, publié avec le concours de savants français et étrangers. Formera 12 à 15 volumes grand in-8, se composant chacun de 3 fascicules; chaque volume, 25 fr.; chaque fascicule, 8 fr. 50. Huiᵗ volumes parus.
  Tome I (*A-Bac*). — Tome II (*Bac-Cer*). — Tome III (*Cer-Cob*). — Tome IV (*Cob-Dig*). — Tome V (*Dig-Fac*). — Tome VI (*Flam-Gal*). — Tome VII (*Gal-Gra*). — Tome VIII (*Gra-Hys*).
SNELLEN. Échelle typographique pour mesurer l'acuité de la vision. 17ᵉ édition. 1 fr.

REVUE DE MÉDECINE

Directeurs : MM. les Professeurs BOUCHARD, de l'Institut; CHAUFFARD, CHAUVEAU, de l'Institut; LANDOUZY; LÉPINE, correspondant de l'Institut; PITRES; ROGER et VAILLARD. Rédacteurs en chef: MM. LANDOUZY et LÉPINE. Secrétaire de la Rédaction : Dʳ Jean LÉPINE.

REVUE DE CHIRURGIE

Directeurs : MM. les Professeurs E. QUÉNU, Pierre DELBET, Pierre DUVAL, A. PONCET, F. LEJARS, F. GROSS, E. FORGUE, A. DESMONS, E. CESTAN. Rédacteur en chef ; M. E. QUÉNU. Secrétaire adjoint : Dʳ X. DELORE.

La *Revue de médecine* et la *Revue de chirurgie*, paraissent tous les mois; chaque livraison de la *Revue de médecine* contient de 5 à 6 feuilles grand in-8, avec gravures; chaque livraison de la *Revue de chirurgie* contient de 10 à 11 feuilles grand in-8, avec gravures.

PRIX D'ABONNEMENT :

Pour la Revue de Médecine. Un an, du 1ᵉʳ Janvier, Paris. 20 fr. — Départements et étranger. 23 fr. — La livraison : 2 fr.
Pour la Revue de Chirurgie. Un an, Paris. 30 fr. — Départements et étranger. 33 fr. — La livraison : 3 fr.
Les deux Revues réunies : un an, Paris 45 fr.; départ. et étranger. 50 fr.

FÉLIX ALCAN, ÉDITEUR

BIBLIOTHÈQUE GÉNÉRALE
DES SCIENCES SOCIALES

Secrétaire de la rédaction. DICK MAY, Secrét. gén. de l'Éc. des Hautes Études sociales.
Volumes in-8 carré de 300 pages environ, cart. à l'anglaise.
Chaque volume, 6 fr.

Derniers volumes publiés :

La Belgique et le Congo, par E. VANDERVELDE.
Médecine et pédagogie, par MM. le Dr ALBERT MATHIEU, le Dr GILLET, le Dr S. MÉRY, P. MALAPERT, le Dr LUCIEN BUTTE, le Dr PIERRE RÉGNIER, le Dr L. DUFESTEL, le Dr LOUIS GUINON, le Dr NOBÉCOURT. Préface de M. le Dr E. MOSNY, membre du Conseil supérieur d'hygiène.
La lutte contre le crime, par J.-L. DE LANESSAN.

L'Individualisation de la peine, par R. SALEILLES, prof. à la Faculté de droit de l'Univ. de Paris, et G. MORIN, doc. 2e édition.
L'Idéalisme social, par EUGÈNE FOURNIÈRE, 2e édit.
Ouvriers du temps passé (XVe et XVIe siècles), par H. HAUSER, professeur à l'Université de Dijon, 3e édition.
Les transformations du pouvoir, par G. TARDE, 2e édit.
Morale sociale, par MM. G. BELOT, MARCEL BERNÈS, BRUNSCHVICG, F. BUISSON, DARLU, DAURIAC, DELBET, CH. GIDE, M. KOVALEVSKY, MALAPERT, le R. P. MAUMUS, DE ROBERTY, G. SOREL, le PASTEUR WAGNER. Préface de M. ÉMILE BOUTROUX, de l'Institut. 2e édit.
Les enquêtes, *pratique et théorie*, par P. DU MAROUSSEM.
Questions de morale, par MM. BELOT, BERNÈS, F. BUISSON, A. CROISET, DARLU, DELBOS, FOURNIÈRE, MALAPERT, MOCH, D. PARODI, G. SOREL. 2e édit.
Le développement du catholicisme social, depuis l'encyclique *Rerum Novarum*, par MAX TURMANN. 2e édit.
Le socialisme sans doctrines, par A. MÉTIN. 2e édit.
L'éducation morale dans l'Université, par MM. LÉVY-BRUHL, DARLU, M. BERNÈS, KORTZ, ROCAFORT, BIOCHE, Ph. GIDEL, MALAPERT, BELOT.
La méthode historique appliquée aux sciences sociales, par CH. SEIGNOBOS, professeur à l'Univ. de Paris. 2e édit.
Assistance sociale. *Pauvres et mendiants*, par PAUL STRAUSS.
L'hygiène sociale, par E. DUCLAUX, de l'Institut.
Le contrat de travail. *Le rôle des syndicats professionnels*, par P. BUREAU, professeur à la Faculté libre de droit de Paris.
Essai d'une philosophie de la solidarité, par MM. DARLU, RAUH, F. BUISSON, GIDE, X. LÉON, LA FONTAINE, E. BOUTROUX.
L'éducation de la démocratie, par MM. E. LAVISSE, A. CROISET, SEIGNOBOS, MALAPERT, LANSON, HADAMARD. 2e édit.
L'exode rural et le retour aux champs, par E. VANDERVELDE. 2e édit.

La lutte pour l'existence et l'évolution des sociétés, par J.-L. De Lanessan, ancien ministre.
La concurrence sociale et les devoirs sociaux, par le même.
La démocratie devant la science, par C. Bouglé, chargé de cours à l'Université de Paris. 2ᵉ édit. revue.
L'individualisme anarchiste. *Max Stirner*, par V. Basch, chargé de cours à l'Université de Paris.
Les applications sociales de la solidarité, par MM. P. Budin, Ch. Gide, H. Monod, Paulet, Robin, Siegfried, Brouardel.
La paix et l'enseignement pacifiste, par MM. Fr. Passy, Ch. Richet, d'Estournelles de Constant, E. Bourgeois, A. Weiss, H. La Fontaine, G. Lyon.
Études sur la philosophie morale au XIXᵉ siècle, par MM. Belot, A. Darlu, M. Bernès, A. Landry, Ch. Gide, E. Roberty, R. Allier, H. Lichtenberger, L. Brunschvicg.
Enseignement et démocratie, par MM. A. Croiset, Devinat, Boitel, Millerand, Appell, Seignobos, Lanson, Ch.-V. Langlois.
Religions et sociétés, par MM. Th. Reinach, A. Puech, R. Allier, A. Leroy-Beaulieu, le Bᵒⁿ Carra de Vaux, H. Dreyfus.
Essais socialistes, *La religion*, *L'alcoolisme*, *L'art*, par E. Vandervelde, professeur à l'Université nouvelle de Bruxelles.
Le surpeuplement et les habitations à bon marché, par H. Turot et H. Bellamy.
L'individu, l'association et l'État, par E. Fournière, prof. au Conservatoire des Arts et Métiers.
Les trusts et les syndicats de producteurs, par J. Chastin. (*Récompensé par l'Institut*).
Le droit de grève, par MM. Ch. Gide, H. Berthélemy, P. Bureau, A. Keufer, C. Perreau, Ch. Picquenard, A.-E. Sayous, F. Faonot, E. Vandervelde.
Morales et religions, par MM. G. Belot, L. Dorison, Ad. Lods, A. Croiset, W. Monod, E. de Faye, A. Puech, le baron Carra de Vaux, E. Ehrardt, H. Allier, F. Challaye.
La nation armée, par MM. le général Bazaine-Hayter, C. Bouglé, E. Bourgeois, Cᵈᵉ Bourguet, E. Boutroux, A. Croiset, G. Demeny, G. Lanson, L. Pineau, Cᵈᵉ Potez, F. Rauh.
La criminalité dans l'adolescence, par G.-L. Duprat. (*Couronné par l'Institut*).

LES MAITRES DE LA MUSIQUE

ÉTUDES D'HISTOIRE ET D'ESTHÉTIQUE

Publiées sous la direction de M. Jean Chantavoine

Collection honorée d'une souscription du Ministère des Beaux-Arts

Chaque volume in-8 de 250 pages environ, 3 fr. 50

Liste par ordre de publication :

Palestrina, par Michel Brenet. 3ᵉ édition. | **César Franck**, par Vincent d'Indy. 5ᵉ édit.

J.-S. Bach, par André Pirro. 3ᵉ édit.
Beethoven, par Jean Chantavoine. 5ᵉ édit.
Mendelssohn, par Camille Bellaigue, 3ᵉ édition.
Smetana, par William Ritter.
Rameau, par Louis Laloy. 2ᵉéd.
Moussorgsky, par M. D. Calvocoressi. 2ᵉ édition.
Haydn, par Michel Brenet. 2ᵉ édit.
Trouvères et Troubadours, par Pierre Aubry. 2ᵉ édit.
Wagner, par Henri Lichtenberger. 3ᵉ édit.
Gluck, par Julien Tiersot. 2ᵉ éd.
Liszt, par Jean Chantavoine. 2ᵉ édit.
Gounod, par Camille Bellaigue. 2ᵉ éd.
Haendel, par Romain Rolland. 2ᵉ édit.
Lully, par Lionel de la Laurencie.
L'Art Grégorien, par Amédée Gastoué.

BIBLIOTHÈQUE D'HISTOIRE CONTEMPORAINE
Volumes in-16 et in-8
DERNIERS VOLUMES PUBLIÉS :

Les grands traités politiques. *Recueil des principaux textes diplomatiques depuis 1815 jusqu'à nos jours*, par *P. Albin*. Préface de *Maurice Herbette*. 1 vol. in-8 . . . . 10 fr.
Études et leçons sur la Révolution française, par *A. Aulard*. 6ᵉ série. 1 vol. in-16. . . . . 3 fr. 50
Notre empire colonial, par *H. Busson, J. Fèvre et H. Hauser*. 1 vol. in-8 avec gravures et cartes. . . . . 5 fr.
Napoléon et la Catalogne. *La Captivité de Barcelone (Février 1808-Janvier 1810)*. 1 vol. in-8 avec une carte hors texte. (Prix Pezrat 1910) . . . . 10 fr.
La politique extérieure du Premier Consul (1800-1803). (*Napoléon et l'Europe*), par *E. Driault*. 1 vol. in-8. . . . . . . 7 fr.
Histoire politique et sociale (1815-1911). (*Évolution du monde moderne*), par *E. Driault et Monod*. 1 vol. in-16 avec gravures et cartes. 2ᵉ édit. 5 fr.
Les officiers de l'armée royale et la Révolution, par le Lieut.-Colonel *Hartmann*. 1 vol. in-8 (*Couronné par l'Institut*). . . . 10 fr.
La question sociale et le socialisme en Hongrie, par *G.-Louis Jaray*. 1 vol. in-8 avec 5 cartes hors texte . . . . 7 fr.
Thouret (1746-1794). *La vie et l'œuvre d'un constituant*, par *E. Lebègue*. 1 vol. in-8. . . . . 7 fr.
L'Europe et la politique britannique (1882-1909), par *E. Lémonon*. Préface de M. *Paul Deschanel*. 1 vol. in-8 . . . . . 10 fr.
Le syndicalisme contre l'État, par *Paul Louis*. 1 vol. in-16. 3 fr. 50
La question sociale en Espagne, par *Angel Marvaud*. 1 vol. in-8. 7 fr.
La politique de Pie X, par *Maurice Pernot*. 1 vol. in-16 . . . 3 fr. 50
Essai politique sur Alexis de Tocqueville, par *R. Pierre Marcel*. 1 vol. in-8. . . . .
Les questions actuelles de politique étrangère en Asie, par MM. le *Baron de Courcel, P. Deschanel, P. Doumer, E. Etienne, le Général Lebon, Victor Bérard, R. de Caix, M. Revon, Jean Rodes, le Dʳ Routre*. 1 vol. in-16 avec 4 cartes hors texte . . . . . . 3 fr. 50
La Chine nouvelle, par *Jean Rodes*. 1 vol. in-16 . . . . 3 fr. 50
La vie politique dans les Deux-Mondes, publiée sous la direction de M. *A. Viallate*, avec la collaboration de professeurs et d'anciens élèves de l'École des Sciences Politiques. 3ᵉ année, 1908-1909. 1 fort. vol. in-8. . . . . 10 fr.
Histoire du catholicisme libéral en France (1828-1908), par *G. Weill*. 1 vol. in-16. . . . . 3 fr. 50

Précédemment parus :

EUROPE

Histoire de l'Europe pendant la Révolution française, par *H. de Sybel*. Traduit de l'allemand par Mlle Dosquet. 3 vol. in-8. Chacun. 7 fr.
Hist. diplomatique de l'Europe (1815-1878), par *Debidour*, 2 v. in-8. 18 fr.
La question d'Orient, depuis ses origines jusqu'à nos jours, par *E. Driault* ; préface de *G. Monod*. 1 vol. in-8. 3ᵉ édit. . . . . 7 fr.
La papauté, par *I. de Dœllinger*. Trad. de l'allemand. 1 vol. in-8. 7 fr.
Questions diplomatiques de 1904, par *A. Tardieu*. 1 vol. in-16. 3 fr. 50
La conférence d'Algésiras. Histoire diplomatique de la crise marocaine (janvier-avril 1906), par le même. 3ᵉ édit. Revue et augmentée d'un appendice sur *Le Maroc après la conférence* (1906-1909). In-8. 10 fr.

FRANCE ET COLONIES

La Révolution française, par *H. Carnot*. 1 vol. in-16. Nouv. éd. 3 fr. 50
La Théophilanthropie et le culte décadaire (1796-1801), par *A. Mathiez*. 1 vol. in-8. . . . . 12 fr.
Contributions a l'histoire religieuse de la Révolution française, par *le même*. 1 vol. in-16. . . . . 3 fr. 50
Mémoires d'un ministre du trésor public (1789-1815), par le comte *Mollien*. Publié par *M. Gomel*. 3 vol. in-8. 15 fr.
Condorcet et la Révolution française, par *L. Cahen*. 1 vol. in-8. 10 fr.
Cambon et la Révolution française, par *F. Bornarel*. 1 vol. in-8. 7 fr.
Le culte de la raison et le culte de l'être suprême (1793-1794). Étude historique, par *A. Aulard*. 2ᵉ éd. 1 vol. in-16. . . . . . . 3 fr. 50
Études et leçons sur la Révolution française, par *A. Aulard*. 5 vol. in-16. Chacun . . . . 3 fr. 50
Variétés révolutionnaires, par *M. Pellet*. 3 vol. in-16. Chacun. 3 fr. 50
Hommes et choses de la Révolution, par *Eug. Spuller*. 1 vol. in-16. 3 fr. 50
Les campagnes des armées françaises (1792-1815), par *C. Vallaux*. 1 vol. in-16, avec 17 cartes. . . . . 3 fr. 50
La politique orientale de Napoléon (1806-1808), par *E. Driault*. 1 vol. in-8. . . . . 7 fr.
Napoléon et la Pologne (1806-1807), par *Handelsman*. 1 vol. in-8. 5 fr.
De Waterloo a Sainte-Hélène (20 juin-16 oct. 1815), par *J. Silvestre*, 1 vol. in-16. . . . . 3 fr. 50
Le Conventionnel Goujon, par *L. Thénard et R. Guyot*. 1 vol. in-8. 5 fr.
Histoire de dix ans (1830-1840), par *Louis Blanc*. 5 vol. in-8. Chacun. 5 fr.
Associations et sociétés secrètes sous la Deuxième République (1848-1851), par *J. Tchernoff*. 1 vol. in-8. . . . . 7 fr.
Histoire du second empire, par *Taxile Delord*. 6 vol. in-8. Chac. 7 fr.
Histoire du parti républicain (1814-1870), par *G. Weill*. 1 v. in-8. 10 fr.
Histoire du mouvement social (1852-1910), par *le même*. 1 v. in-8. 3ᵉ éd. refondue . . . . 10 fr.
Histoire de la Troisième République, par *E. Zevort* : I. *Présidence de M. Thiers*. 1 vol. in-8. 3ᵉ édit. 7 fr. — II. *Présidence du Maréchal*. 1 vol. in-8. 2ᵉ édit. 7 fr. — III. *Présidence de Jules Grévy*. 1 vol. in-8. 2ᵉ édition. 7 fr. — IV. *Présidence de Sadi-Carnot*. 1 vol. in-8. . . . 7 fr.
Histoire des rapports de l'Eglise et de l'Etat en France (1789-1870), par *A. Debidour*. 1 vol. in-8 (*Couronné par l'Institut*).. . . 12 fr.
L'État et les Eglises en France, Des origines à la loi de séparation. par *J.-L. de Lanessan*. 1 vol. in-16. . . . . 3 fr. 50
La société française sous la Troisième République, par *Marius-Ary Leblond*. 1 vol. in-8. . . . . 5 fr.
La liberté de conscience en France (1598-1905), par *G. Bonet-Maury*. 1 vol. in-8, 2ᵉ édit . . . . 5 fr.
Les civilisations tunisiennes, par *P. Lapie*. 1 vol. in-16. . 3 fr. 50
Les colonies françaises, par *P. Gaffarel*. 1 vol. in-8. 6ᵉ éd. . . 5 fr.
L'œuvre de la France au Tonkin, par *A. Gaisman*. 1 v. in-16. 3 fr. 50
La France hors de France. *Notre émigration, sa nécessité, ses conditions*, par *J.-B. Piolet*. 1 vol. in-8 . . . . 10 fr.
L'Indo-Chine française (*Cochinchine, le Cambodge, l'Annam et le Tonkin*), par *J.-L. de Lanessan*. 1 vol. in-8, avec 5 cartes en couleurs. 15 fr.

L'Algérie, par *M. Wahl*. 1 vol. in-8, 5ᵉ éd., revue par *A. Bernard*. 5 fr.
Au Congo français. *La question internationale du Congo*, par *F. Challaye*. 1 vol. in-8. . . . . 5 fr.
La France moderne et le problème colonial (1815-1830), par *Ch. Schefer*. 1 vol. in-8. . . . . 7 fr.
L'Église catholique et l'État en France sous la troisième république (1870-1906), par *A. Debidour*. Tome I. 1870-1889. 1 vol. in-8. 7 fr.
Tome II, 1889-1906. 1 vol. in-8 . . . . 10 fr.
L'Éveil d'un monde. *L'œuvre de la France en Afrique occidentale*, par *L. Hubert*. 1 vol. in-16. . . . . 3 fr. 50
Régions et Pays de France, par *Fèvre et Hauser*. 1 vol. in-8 ill. 7 fr.

ALLEMAGNE

Le grand-duché de Berg (1806-1813), par *Ch. Schmidt*. 1 vol. in-8. 10 fr.
Histoire de la Prusse, de la mort de Frédéric II à la bataille de Sadowa, par *E. Véron*. 1 vol. in-18. 6ᵉ éd. . . . . 3 fr. 50
Les origines du socialisme d'état en Allemagne, par *Ch. Andler*. 2ᵉ édit. In-8. . . . . 7 fr.
L'Allemagne nouvelle et ses historiens (*Niebuhr, Ranke, Mommsen, Sybel, Treitschke*), par *A. Guilland*. 1 vol. in-8. . . . 5 fr.
La démocratie socialiste allemande, par *E. Milhaud*. 1 vol. in-8. 10 fr.
La Prusse et la Révolution de 1848, par *P. Matter*. 1 v. in-16. 3 fr. 50
Bismarck et son temps, par *le même*. 3 vol. in-8, chacun. 10 fr. — I. *La préparation* (1815-1862). — II. *L'action* (1863-1870). — III. *Le triomphe et le déclin* (1870-1898). (*Ouvrage couronné par l'Institut*).

ANGLETERRE

Histoire contemporaine de l'Angleterre, depuis la mort de la reine Anne jusqu'à nos jours, par *H. Reynald*. 1 vol. in-16. 2ᵉ éd. 3 fr. 50
Le socialisme en Angleterre, par *Albert Métin*. 1 vol. in-16. 3 fr. 50
A travers l'Angleterre contemporaine, par *J. Mantoux*. 1 vol. in-16. Préface de G. Monod, de l'Institut. 1 vol. in-16. . . . . 3 fr. 50

AUTRICHE-HONGRIE

Les Tchèques et la Bohême contemporaine, par *Bourlier*, in-16. 3 fr. 50
Les races et les nationalités en Autriche-Hongrie, par *B. Auerbach*, 1 vol. in-8. 2ᵉ édit. (*Sous presse*) . . . . 5 fr.
Le pays magyar, par *R. Recouly*. 1 vol. in-16. . . . . . . 3 fr. 50
La Hongrie rurale, sociale et politique, par le *Comte J. de Mailath*.

ESPAGNE

Histoire de l'Espagne, depuis la mort de Charles III jusqu'à nos jours, par *H. Reynald*. 1 vol. in-16. . . . . 3 fr. 50

GRÈCE et TURQUIE

La Turquie et l'hellénisme contemporain, par *V. Bérard*. 1 vol. in-16. 6ᵉ éd. (*Ouvrage couronné par l'Académie française*). . . . 3 fr. 50
Bonaparte et les Îles Ioniennes (1797-1816), par *E. Rodocanachi*. 1 vol. in-8. . . . . 5 fr.

ITALIE

Histoire de l'unité italienne (1814-1871), *Bolton King*. 2 v. in-8. 15 fr.
Bonaparte et les républiques italiennes (1796-1799), par *P. Gaffarel*. 1 vol. in-8. . . . . 5 fr.
Napoléon en Italie (1800-1812), par *J.-E. Driault*. 1 vol. in-8. 10 fr.

SUISSE

Histoire du peuple suisse, par *Daendliker*. Introd. de *Jules Favre*. In-8. 5 fr.

ROUMANIE

Histoire de la Roumanie contemp. (1822-1900), par *Damé*. In-8. 7 fr.

AMÉRIQUE

Histoire de l'Amérique du Sud, par *Alf. Deberle*. In-16. 3ᵉ éd. 3 fr. 50
L'Industrie américaine, par *A. Viallate*, professeur à l'École des Sciences politiques. 1 vol. in-8. . . . . 10 fr.

CHINE-JAPON

Histoire des relations de la Chine avec les puissances occidentales (1861-1902), par *H. Cordier*, de l'Institut. 3 vol. in-8, avec cartes. 30 fr.

L'EXPÉDITION DE CHINE DE 1857-58, par *le même*. 1 vol. in-8. . . 7 fr.
L'EXPÉDITION DE CHINE DE 1860, par *le même*. 1 vol. in-8 . . . 7 fr.
EN CHINE. *Mœurs et institutions*. par *M. Courant*. 1 vol. in-16. 3 fr. 50
LE DRAME CHINOIS, par *Marcel Monnier*. 1 vol. in-16. . . . 2 fr. 50
LE PROTESTANTISME AU JAPON (1859-1907), par *R. Allier*. In-16. 3 fr. 50
LA QUESTION D'EXTRÊME-ORIENT, par *E. Driault*. 1 vol. in-8. . . 7 fr.

ÉGYPTE
LA TRANSFORMATION DE L'ÉGYPTE, par *Alb. Métin*. 1 vol. in-16. 3 fr. 50

INDE
L'INDE CONTEMP. ET LE MOUVEMENT NATIONAL, par *E. Piriou*. In-16. 3 fr. 50

QUESTIONS POLITIQUES ET SOCIALES
LE VANDALISME RÉVOLUTIONNAIRE, par *E. Despois*. 1 vol. in-16. 4ᵉ éd. 3 fr.50
FIGURES DU TEMPS PASSÉ, par *M. Dumoulin*. 1 vol. in-16. . . 3 fr. 50
PROBLÈMES POLITIQUES ET SOCIAUX, par *E. Driault*. 2ᵉ éd. 1 vol. in-8. 7 fr.
VUE GÉNÉRALE DE L'HISTOIRE DE LA CIVILISATION. par *le même*. 2 vol. in-16, illustrés. (*Récompensé par l'Institut*). . . . . 7 fr.
LE MONDE ACTUEL. par *le même*. *Tableau politique et économique*. 1 v. in-8. . . . . 7 fr.
SOUVERAINETÉ DU PEUPLE ET GOUVERNEMENT, par *E. d'Eichthal*, de l'Institut. 1 vol. in-16. . . . . 3 fr. 50
SOPHISMES SOCIALISTES ET FAITS ÉCONOMIQUES, par *Yves Guyot*. 1 vol. in-16. . . . . 3 fr. 50
LES MISSIONS ET LEUR PROTECTORAT, par *J.-L. de Lanessan*. 1 vol. in-16. . . . . 3 fr. 50
LE SOCIALISME UTOPIQUE, par *A. Lichtenberger*. 1 vol. in-16. 3 fr. 50
LE SOCIALISME ET LA RÉVOLUTION FRANÇAISE, par *le même*. 1 v. in-8. 5 fr.
L'OUVRIER DEVANT L'ÉTAT, par *Paul Louis*. 1 vol. in-8. . . . . 7 fr.
HISTOIRE DU MOUVEMENT SYNDICAL EN FRANCE (1789-1906), par *le même*. . . . . 3 fr. 50
LA DISSOLUTION DES ASSEMBLÉES PARLEMENTAIRES, par *Paul Matter*. 1 vol. in-8. . . . . 5 fr.
LA FRANCE ET L'ITALIE DEVANT L'HISTOIRE, par *J. Reinach*. 1 vol. in-8. 5 fr.
LE SOCIALISME A L'ÉTRANGER. *Angleterre, Allemagne, Autriche, Italie, Espagne, Russie, Japon, États-Unis*, par MM. *J. Bardoux, G. Gidel, Kinzo Goral, G. Isambert, G. Louis-Jaray, A. Marvaud, Da Motta de San Miguel, P. Quentin-Bauchart, M. Revon, A. Tardieu*. 1 vol. in-16. . . . . 3 fr. 50
FIGURES DISPARUES, par *E. Spuller*. 3 vol. in-16, chacun . . . 3 fr. 50
L'ÉDUCATION DE LA DÉMOCRATIE, par *le même*. 1 vol. in-16. . . 3 fr. 50
L'ÉVOLUTION POLITIQUE ET SOCIALE DE L'ÉGLISE, par *le même*. 1 v. in-16. 3 fr.50
LA FRANCE ET SES ALLIANCES. *La lutte pour l'équilibre*, par *A. Tardieu*. 1 vol. in-16. 3 fr. 50
LA VIE POLITIQUE DANS LES DEUX MONDES, 1ʳᵉ ANNÉE (1906-1907), par *A. Viallate*. 1 fort volume in-8. . . . . 10 fr.
Deuxième année (1907-1908). 1 vol. in-8. . . . . 10 fr.
L'ÉCOLE SAINT-SIMONIENNE, par *G. Weill*. 1 vol. in-16. . . . 3 fr. 50

MINISTRES ET HOMMES D'ÉTAT
Chaque volume in-16, 3 fr. 50

Bismarck, par H. WELSCHINGER.
Prim, par H. LÉONARDON.
Disraeli, par M. COURCELLE.

Ôkoubo, ministre japonais, par M. COURANT.
Chamberlain, par A. VIALLATE.

***

BIBLIOTHÈQUE UTILE

Élégants volumes in-32 de 192 pages chacun.
Chaque volume broché, **60 cent.**

DERNIERS VOLUMES PARUS :

Collas et Driault. Histoire de l'Empire ottoman *jusqu'à la Révolution de 1909.*
Eisenmenger (G.) Les Tremblements de Terre avec gravures.
Faque. L'Indo-Chine française. *Cochinchine, Cambodge, Annam, Tonkin.* 2ᵉ édition, mise à jour jusqu'en 1910.
Yves Guyot. Les Préjugés économiques.

Acloque (A.). Les insectes nuisibles, ravages, moyens de destruction (avec fig.).
Amigues (E.). A travers le ciel.
Bastide. Les guerres de la Réforme. 5ᵉ édit.
Beauregard (H.). Zoologie générale (avec fig.).
Bellet. (D.). Les grands ports maritimes de commerce (avec fig.).
Bère. Histoire de l'armée française.
Berget (Adrien.) La viticulture nouvelle. (*Manuel du vigneron.*) 3ᵉ éd.
— La pratique des vins. 2ᵉ éd. (*Guide du récoltant.*)
— Les vins de France. (*Manuel du consommateur.*)
Blerzy. Torrents, fleuves et canaux de la France. 3ᵉ édit.
— Les colonies anglaises. 2ᵉ édit.
Boillot. Les entretiens de Fontenelle sur la pluralité des mondes.
Bondois. (P). L'Europe contemporaine (1789-1879). 2ᵉ édit.
Bouant. Les principaux faits de la chimie (avec fig.).
— Hist. de l'eau (avec fig.).
Brothier. Histoire de la terre. 9ᵉ éd.
Buchez. Histoire de la formation de la nationalité française.
 I. *Les Mérovingiens.* 6ᵉ éd. 1 v.
 II. *Les Carlovingiens.* 2ᵉ éd. 1 v.
Carnot. Révolution française. 8ᵉ éd.
 I. *Période de création,* 1789-1792.
 II. *Période de défense,* 1792-1801.
Catalan. Notions d'astronomie 6ᵉ édit. (avec fig.).
Collas et Driault. Histoire de l'empire ottoman jusqu'à la révolution de 1909. 4ᵉ édit.

Collier. Premiers principes des beaux-arts (avec fig.).
Combes (L.). La Grèce ancienne. 4ᵉ édit.
Coste (A.). La richesse et le bonheur.
— Alcoolisme ou épargne. 6ᵉ édit.
Coupin (H.). La vie dans les mers (avec fig.).
Creighton. Histoire romaine.
Cruveilhier. Hygiène générale. 9ᵉ éd.
Dallet. La navigation aérienne (avec fig.).
Debidour (A.) Histoire des rapports de l'Église et de l'État en France (1789-1871). Abrégé par Dubois et Sarthou.
Despois (Eug.). Révolution d'Angleterre. (1603-1688). 4ᵉ édit.
Doneaud (Alfred). Histoire de la marine française. 4ᵉ édit.
— Histoire contemporaine de la Prusse. 2ᵉ édit.
Dufour. Petit dictionnaire des falsifications. 4ᵉ édit.
Eisenmenger (G.). Les tremblements de terre.
Enfantin. La vie éternelle, passée, présente, future. 6ᵉ éd.
Faque (L.). L'Indo-Chine française. 2ᵉ éd. mise à jour jusqu'en 1910.
Ferrière. Le darwinisme. 9ᵉ éd.
Gaffarel (Paul). Les frontières françaises et leur défense. 2ᵉ édit.
Gastineau (B.). Les génies de la science et de l'industrie. 3ᵉ éd.
Geikie. La géologie (avec fig.). 5ᵉ éd.
Genevoix (F.). Les procédés industriels.
— Les Matières premières.
Gérardin. Botanique générale (avec fig.).
Girard de Rialle. Les peuples de l'Asie et de l'Europe.
Gossin (H.). La machine à vapeur. Histoire — emploi. (avec fig.)
Grove. Continents et océans, avec fig. 3ᵉ éd.

Guyot (Yves). Les préjugés économiques.
Henneguy. Histoire de l'Italie depuis 1815 jusqu'à nos jours.
Huxley. Premières notions sur les sciences. 5ᵉ édit.
Jevons (Stanley). L'économie politique. 10ᵉ édit.
Jouan. Les îles du Pacifique.
— La chasse et la pêche des animaux marins.
Jourdan (J.). La justice criminelle en France. 2ᵉ édit.
Jourdy. Le patriotisme à l'école. 3ᵉ édit.
Larbalétrier (A.). L'agriculture française (avec fig.).
— Les plantes d'appartement, de fenêtres et de balcons (avec fig.).
Larivière (Ch. de). Les origines de la guerre de 1870.
Larrivé. L'assistance publique en France.
Laumonier (Dʳ J.). L'hygiène de la cuisine.
Leneveux. Le budget du foyer. Économie domestique. 3ᵉ édit.
— Le travail manuel en France. 2ᵉ édit.
Lévy (Albert). Histoire de l'air (avec fig.). 3ᵉ édit.
Lock (F.). Jeanne d'Arc (1429-1431). 3ᵉ édit.
— Histoire de la Restauration 5ᵉ édit.
Mahaffy. L'antiquité grecque (avec fig.).
Maigne. Les mines de la France et de ses colonies.
Mayer (G.). Les chemins de fer (avec fig.).
Merklen (P.). La Tuberculose; son traitement hygiénique.
Meunier (G.). Histoire de la littérature française. 4ᵉ éd.
— Histoire de l'art ancien, moderne et contemporain (avec fig.).
Mongredien. Histoire du libre-échange en Angleterre.
Monin. Les maladies épidémiques. Hygiène et prévention (avec fig.).

Morin. Résumé populaire du code civil, 6ᵉ édit., avec un appendice sur *la loi des accidents du travail* et la *loi des associations*.
Noël (Eugène). Voltaire et Rousseau. 5ᵉ édit.
Ott (A.). L'Asie occidentale et l'Égypte. 2ᵉ édit.
Paulhan (F.). La physiologie de l'esprit. 5ᵉ édit. (avec fig.)
Paul Louis. Les lois ouvrières dans les deux mondes.
Petit. Économie rurale et agricole.
Piobat (L.). L'art et les artistes en France. (*Architectes, peintres et sculpteurs*). 5ᵉ édit.
Quesnel. Histoire de la conquête de l'Algérie.
Raymond (E.). L'Espagne et le Portugal. 3ᵉ édit.
Regnard. Histoire contemporaine de l'Angleterre depuis 1815 jusqu'à nos jours.
Renard (G.). L'homme est-il libre? 6ᵉ édit.
Robinet. La philosophie positive. A. Comte et P. Laffitte. 6ᵉ éd.
Rolland (Ch.). Histoire de la maison d'Autriche. 3ᵉ édit.
Sérieux et Mathieu. L'Alcool et l'alcoolisme. 4ᵉ édit.
Spencer (Herbert). De l'éducation. 13ᵉ édit.
Turck. Médecine populaire. 7ᵉ édit.
Vaillant. Petite chimie de l'agriculteur.
Zaborowski. L'origine du langage. 7ᵉ édit.
— Les migrations des animaux. 4ᵉ édit.
— Les grands singes. 3ᵉ édit.
— Les mondes disparus (avec fig.) 4ᵉ édit.
— L'homme préhistorique. 7ᵉ édit. (avec fig.)
Zevort (Edg.). Histoire de Louis-Philippe. 4ᵉ édit.
Zurcher (F.). Les phénomènes de l'atmosphère. 7ᵉ édit.
Zurcher et Margollé. Télescope et microscope. 3ᵉ édit.
— Les phénomènes célestes. 2ᵉ éd.

BIBLIOTHÈQUE DE PHILOSOPHIE CONTEMPORAINE

VOLUMES IN-16.

Brochés, 2 fr. 50.

Derniers volumes publiés :

Lord Avebury (Sir John Lubbock).
Paix et bonheur.

G. Compayré.
L'adolescence. 2ᵉ édit.

J. Delvolvé.
Rationalisme et tradition.

Ch. Dunan.
Les deux idéalismes.

G. Dromard.
Les mensonges de la vie intérieure.

A. Joussain.
Le fondement psychologique de la morale.

N. Kostyleff.
La crise de la psychologie expérimentale.

P. Mendousse.
Du dressage à l'éducation.

D. Parodi.
Le problème moral et la pensée contemporaine.

Fr. Paulhan.
La logique de la Contradiction.

Péladan.
La philosophie de Léonard de Vinci.

Dʳ J. Philippe et Dʳ G. Paul Boncour.
L'éducation des anormaux.

Fr. Queyrat.
La curiosité.

Th. Ribot.
Problèmes de psychologie affective.

Seillière.
Introduction à la philosophie de l'impérialisme.

Alaux.
Philosophie de Victor Cousin.

R. Allier.
Philosophie d'Ernest Renan. 3ᵉ éd.

L. Arréat.
La morale dans le drame. 3ᵉ édit.
Mémoire et imagination. 2ᵉ édit.
Les croyances de demain.
Dix ans de philosophie (1890-1900).
Le sentiment religieux en France.
Art et psychologie individuelle.

G. Aslan.
Expérience et invention en morale.

G. Ballet.
Langage intérieur et aphasie. 2ᵉ éd.

A. Bayet.
La morale scientifique. 2ᵉ édit.

Beaussire.
Antécédents de l'hégélianisme.

Bergson.
Le rire. 6ᵉ édit.

Binet.
Psychologie du raisonnement. 4ᵉ éd.

Hervé Blondel.
Les approximations de la vérité.

C. Bos.
Psychologie de la croyance. 2ᵉ éd.
Pessimisme, féminisme, moralisme.

M. Boucher.
Essai sur l'hyperespace. 2ᵉ éd.

C. Bouglé.
Les sciences sociales en Allemagne.
Qu'est-ce que la sociologie ? 2ᵉ éd.

J. Bourdeau.
Les maîtres de la pensée. 6ᵉ éd.
Socialistes et sociologues. 2ᵉ édit.
Pragmatisme et modernisme.

E. Boutroux.
Conting. des lois de la nature. 6ᵉ éd.

Brunschvicg.
Introd. à la vie de l'esprit. 2ᵉ éd.
L'idéalisme contemporain.

C. Coignet.
Protestantisme français au xɪxᵉ siècle.

G. Compayré.
L'adolescence.

Coste.
Dieu et l'âme. 2ᵉ édit.

Em. Cramaussel.
Le premier éveil intellectuel de l'enfant. 2ᵉ édit.

A. Cresson.
Bases de la philos. naturaliste.
Le malaise de la pensée philos.
La morale de Kant. 2ᵉ éd.

G. Danville.
Psychologie de l'amour. 5ᵉ édit.

L. Dauriac.
La psychol. dans l'Opéra français.

J. Delvolvé.
L'organisation de la conscience morale.
L. Dugas.
Psittacisme et pensée symbolique.
La timidité. 5ᵉ édit.
Psychologie du rire. 2ᵉ édit.
L'absolu.
L. Duguit.
Le droit social, le droit individuel et la transformation de l'É at. 2ᵉ éd.
G. Dumas.
Le sourire.
Danan.
Théorie psychologique de l'espace.
Duprat.
Les causes sociales de la folie.
Le mensonge. 2ᵉ édit.
Durand (DE GROS).
Philosophie morale et sociale.
E. Durkheim.
Les règles de la méthode sociol. 5ᵉ éd.
E. d'Eichthal.
Cor. de S. Mill et G. d'Eichthal.
Pages sociales.
Encausse (PAPUS).
Occultisme et spiritualisme. 2ᵉ éd.
A. Espinas.
La philos. expériment. en Italie.
E. Faivre.
De la variabilité des espèces.
Ch. Féré.
Sensation et mouvement. 2ᵉ édit.
Dégénérescence et criminalité. 4ᵉ éd.
E. Ferri.
Les criminels dans l'art.
Florens-Gevaert.
Essai sur l'art contemporain. 2ᵉ éd.
La tristesse contemporaine. 5ᵉ éd.
Psychol. d'une ville. Bruges. 3ᵉ éd.
Nouveaux essais sur l'art contemp.
Maurice de Fleury.
L'âme du criminel. 2ᵉ éd.
Fonsegrive.
La causalité efficiente.
A. Fouillée.
Propriété sociale et démocratie. 4ᵉ édit.
E. Fournière.
Essai sur l'individualisme. 2ᵉ édit.
Gauckler.
Le beau et son histoire.
G. Geley.
L'être subconscient. 2ᵉ édit.
J. Girod.
Démocratie, patrie et humanité.
E. Goblot.
Justice et liberté. 2ᵉ édit.
A. Goddernaux.
Le sentiment et la pensée. 2ᵉ édit.
J. Grasset.
Les limites de la biologie. 6ᵉ édit.
G. de Greef.
Les lois sociologiques. 4ᵉ édit.
Guyau.
La genèse de l'idée de temps. 2ᵉ éd.
E. de Hartmann.
La religion de l'avenir. 7ᵉ édition.
Le Darwinisme. 9ᵉ édition.
R. C. Herckenrath.
Probl. d'esthétique et de morale.
Marie Jaëll.
L'intelligence et le rythme dans les mouvements artistiques.
W. James.
La théorie de l'émotion. 3ᵉ édit.
Paul Janet.
La philosophie de Lamennais.
Jankelevitch.
Nature et société.
A. Joussain.
Le fondement psychologique de la morale.
J. Lachelier.
Du fondement de l'induction. 5ᵉ éd.
Études sur le syllogisme.
C. Laisant.
L'Éducation fondée sur la science. 3ᵉ éd.
Mᵐᵉ Lampérière.
Le rôle social de la femme.
A. Landry.
La responsabilité pénale.
Lauge.
Les émotions. 2ᵉ édit.
Lapie.
La justice par l'État.
Laugel.
L'optique et les arts.
Gustave Le Bon.
Lois psychol. de l'évol. des peuples. 10ᵉ éd.
Psychologie des foules. 16ᵉ éd.
F. Le Dantec.
Le déterminisme biologique. 3ᵉ éd.
L'individualité et l'erreur individualiste. 3ᵉ édit.
Lamarckiens et darwiniens. 3ᵉ éd.
G. Lefèvre.
Obligation morale et idéalisme.
Liard.
Les logiciens anglais contemp. 5ᵉ éd.
Définitions géométriques. 3ᵉ édit.
H. Lichtenberger.
La philosophie de Nietzsche. 12ᵉ éd.
Aphorismes de Nietzsche. 5ᵉ éd.
O. Lodge.
La vie et la matière. 2ᵉ édit.
John Lubbock.
Le bonheur de vivre. 2 vol. 11ᵉ éd.
L'emploi de la vie. 7ᵉ édit.

G. Lyon.
La philosophie de Hobbes.
E. Marguery.
L'œuvre d'art et l'évolution. 2ᵉ éd.
Manxion.
L'éducation par l'instruction. 2ᵉ éd.
Nature et éléments de la moralité.
G. Milhaud.
Les conditions et les limites de la certitude logique. 2ᵉ édit.
Le rationnel.
Mosso.
La peur. 4ᵉ éd.
La fatigue intellect. et phys. 6ᵉ éd.
E. Murisier.
Les mal. du sent. religieux. 3ᵉ éd.
A. Naville.
Nouvelle classif. des sciences. 2ᵉ éd.
Max Nordau.
Paradoxes psychologiques. 6ᵉ éd.
Paradoxes sociologiques. 6ᵉ édit.
Psycho-physiologie du génie. 4ᵉ éd.
Novicow.
L'avenir de la race blanche. 2ᵉ édit.
Ossip-Lourié.
Pensées de Tolstoï. 3ᵉ édit.
Philosophie de Tolstoï. 2ᵉ édit.
La philos. soc. dans le théât. d'Ibsen. 2ᵉ édit.
Nouvelles pensées de Tolstoï.
Le bonheur et l'intelligence.
Croyance religieuse et croyance intellectuelle.
G. Palante.
Précis de sociologie. 4ᵉ édit.
La sensibilité individualiste.
W.-R. Paterson (Swift).
L'éternel conflit.
Paulhan.
Les phénomènes affectifs. 2ᵉ édit.
Psychologie de l'invention. 2ᵉ édit.
Analystes et esprits synthétiques.
La fonction de la mémoire.
La morale de l'ironie.
J. Philippe.
L'image mentale.
J. Philippe et G. Paul-Boncour.
Les anomalies mentales chez les écoliers. 2ᵉ édit.
F. Pillon.
La philosophie de Charles Secrétan.
Ploger.
Le monde physique.
L. Proal.
L'éducation et le suicide des enfants.

Queyrat.
L'imagination chez l'enfant. 4ᵉ édit.
L'abstraction. 2ᵉ édit.
Les caractères et l'éducation morale. 4 éd.
La logique chez l'enfant. 3ᵉ éd.
Les jeux des enfants. 2ᵉ édit.
G. Rageot.
Les savants et la philosophie.
P. Regnaud.
Précis de logique évolutionniste.
Comment naissent les mythes.
G. Renard.
Le régime socialiste. 6ᵉ édit.
A. Réville.
Divinité de Jésus-Christ. 4ᵉ éd.
A. Rey.
L'énergétique et le mécanisme.
Th. Ribot.
La philos. de Schopenhauer. 12ᵉ éd.
Les maladies de la mémoire. 21ᵉ éd.
Les maladies de la volonté. 26ᵉ éd.
Les mal. de la personnalité. 14ᵉ édit.
La psychologie de l'attention. 11ᵉ éd.
G. Richard.
Socialisme et science sociale. 3ᵉ éd.
Ch. Richet.
Psychologie générale. 8ᵉ éd.
De Roberty.
L'agnosticisme. 2ᵉ édit.
La recherche de l'Unité.
Psychisme social.
Fondements de l'éthique.
Constitution de l'éthique.
Frédéric Nietzsche.
E. Roerich.
L'attention spontanée et volontaire.
J. Rogues de Fursac.
Mouvement mystique contemp.
Roisel.
De la substance.
L'idée spiritualiste. 2ᵉ édit.
Roussel-Despierres.
L'idéal esthétique.
Rzewuski.
L'optimisme de Schopenhauer.
Schopenhauer.
Le libre arbitre. 11ᵉ édition.
Le fondement de la morale. 11ᵉ éd.
Pensées et fragments. 24ᵉ édition.
Ecrivains et style. 2ᵉ édit.
Sur la religion. 2ᵉ édit.
Philosophie et philosophes.
Ethique, droit et politique.
Métaphysique et esthétique.
P. Sollier.
Les phénomènes d'autoscopie.
P. Souriau.
La rêverie esthétique.

BIBL. DE PHILOSOPHIE CONTEMP. (FORMAT IN-8) 23

Herbert Spencer.
Classification des sciences. 9ᵉ édit.
L'individu contre l'État. 8ᵉ éd.
L'association en psychologie.

Stuart Mill.
Correspondance avec G. d'Eichthal.
Auguste Comte et la philosophie positive. 8ᵉ édition.
L'utilitarisme. 6ᵉ édition.
La liberté. 3ᵉ édit.

Sully Prudhomme.
Psychologie du libre arbitre.

Sully Prudhomme et Ch. Richet.
Le probl. des causes finales. 4ᵉ éd.

Tanon.
L'évol. du droit et la consc. soc. 3ᵉ éd.

Tarde.
La criminalité comparée. 7ᵉ éd.
Les transformations du droit. 6ᵉ éd.
Les lois sociales. 6ᵉ édit.

J. Taussat.
Le monisme et l'animisme.

Thamin.
Éducation et positivisme. 3ᵉ éd.

P.-F. Thomas.
La suggestion, son rôle. 5ᵉ édit.
Morale et éducation. 2ᵉ éd.

Wundt.
Hypnotisme et suggestion. 4ᵉ édit.

Zeller.
Christ. Baur et l'école de Tubingue.

Th. Ziegler.
La question sociale 4ᵉ éd.

VOLUMES IN-8.

Brochés, à 3.75, 5, 7.50 et 10 fr.

Derniers volumes publiés :

R. Brugeilles.
Le droit et la sociologie. 3 fr. 75

L. Cellérier.
Esquisse d'une science pédagogique. 7 fr. 50

E. de Cyon.
Dieu et science. 7 fr. 50

A. Darbon.
L'Explication mécanique et le nominalisme. 3 fr. 75

J. Dubois.
Le problème pédagogique. 7 fr. 50

E. Durkheim.
L'année sociologique, tome XI, 1906-1909. 15 fr.

H. Ebbinghaus.
Précis de psychologie. 5 fr.

R. Eucken.
Les grands courants de la pensée contemporaine. 10 fr.

A. Fouillée.
La démocratie politique et sociale en France. 3 fr. 75

J.-J. Gourd.
Philosophie de la religion. 5 fr.

O. Hamelin.
Le système de Descartes. 7 fr. 50

Ch. Lalo.
Les sentiments esthétiques. 5 fr.

G. Lechalas.
Étude sur l'espace et le temps. 2ᵉ édition. 5 fr.

L. Lévy-Bruhl.
Les fonctions mentales dans les sociétés inférieures. 7 fr. 50

A. Matagrin.
La psychologie sociale de Gabriel Tarde. 5 fr.

P. Mendousse.
L'âme de l'adolescent. 5 fr.

Nordau.
Le sens de l'histoire. 7 fr. 50

J. Novicow.
La critique du Darwinisme social. 7 fr. 50

C. Piat.
La morale du bonheur. 5 fr.

F. Pillon.
L'année philosophique, 20ᵉ année, 1909. 5 fr.

Ed. Roehrich.
Philosophie de l'éducation. 5 fr.

Jean d'Udine.
L'art et le geste. 5 fr.

Ch. Adam.
La philosophie en France (première moitié du XIXᵉ siècle). 7 fr. 50

Arréat.
Psychologie du peintre. 5 fr.

Dʳ L. Aubry.
La contagion du meurtre. 5 fr.

Alex. Bain.
La logique inductive et déductive. 5ᵉ édit. 2 vol. 20 fr.

J.-M. Baldwin.
Le développement mental chez l'enfant et dans la race. 7 fr. 50

J. Bardoux.
Psychol. de l'Angleterre contemp. (*les crises belliqueuses*). 7 fr. 50
Psychologie de l'Angleterre contemporaine (*les crises politiques*). 5 fr.

Barthélemy Saint-Hilaire.
La philosophie dans ses rapports avec les sciences et la religion. 5 fr.

Barzelotti.
La philosophie de H. Taine. 7 fr. 50

A. Bayet.
L'idée de bien. 3 fr. 75

Bazaillas.
Musique et inconscience. 5 fr.
La vie personnelle. 5 fr.

G. Belot.
Études de morale positive. 7 fr. 50

H. Bergson.
Essai sur les données immédiates de la conscience. 7ᵉ édit. 3 fr. 75
Matière et mémoire. 6ᵉ édit. 5 fr.
L'évolution créatrice. 7ᵉ éd. 7 fr. 50

R. Berthelot.
Évolutionnisme et platonisme. 5 fr.

A. Bertrand.
L'enseignement intégral. 5 fr.
Les études dans la démocratie. 5 fr.

A. Binet.
Les révélations de l'écriture. 5 fr.

C. Bloch.
La philosophie de Newton. 10 fr.

J.-H. Boex-Borel.
(*J.-H. Rosny aîné*).
Le pluralisme. 5 fr.

Em. Boirac.
L'idée du phénomène. 5 fr.
La psychologie inconnue. 5 fr.

Bouglé.
Les idées égalitaires. 2ᵉ éd. 3 fr. 75
Essais sur le régime des castes. 5 fr.

L. Bourdeau.
Le problème de la mort. 4ᵉ éd. 5 fr.
Le problème de la vie. 7 fr. 50

Bourdon.
L'expression des émotions. 7 fr. 50

Em. Boutroux.
Études d'histoire de la philosophie. 2ᵉ édit. 7 fr. 50

Braunschvig.
Le sentiment du beau et le sentiment politique. 7 fr. 50

L. Bray.
Du beau. 5 fr.

Brochard.
De l'erreur. 2ᵉ éd. 5 fr.

M. Brunschvicg.
Spinoza. 2ᵉ édit. 3 fr. 75
La modalité du jugement. 5 fr.

L. Carrau.
Philosophie religieuse en Angleterre. 5 fr.

Ch. Chabot.
Nature et moralité. 5 fr.

A. Chide.
Le mobilisme moderne. 5 fr.

Clay.
L'alternative. 2ᵉ éd. 10 fr.

Collins.
Résumé de la phil. de H. Spencer. 4ᵉ éd. 10 fr.

Cosentini.
La sociologie génétique. 3 fr. 75

A. Coste.
Principes d'une sociol. obj. 3 fr. 75
L'expérience des peuples. 10 fr.

C. Couturat.
Les principes des mathématiques. 5 f.

Crépieux-Jamin.
L'écriture et le caractère. 5ᵉ éd. 7.50

A. Cresson.
Morale de la raison théorique. 5 fr.

Dauriac.
Essai sur l'esprit musical. 5 fr.

H. Delacroix.
Études d'histoire et de psychologie du mysticisme. 10 fr.

Delbos.
Philos. pratique de Kant. 12 fr. 50

J. Delvaille.
La vie sociale et l'éducation. 3 fr. 75

J. Delvolve.
Religion, critique et philosophie positive chez Bayle. 7 fr. 50

Draghicesco.
L'individu dans le déterminisme social. 7 fr. 50
Le problème de la conscience. 3 fr. 75

L. Dugas.
Le problème de l'éducat. 2ᵉ éd. 5 fr.

G. Dumas.
St-Simon et Auguste Comte. 5 fr

G.-L. Duprat.
L'instabilité mentale. 5 fr.

Duproix.
Kant et Fichte. 2ᵉ édit. 5 fr.

Durand (de Gros).
Taxinomie générale. 5 fr.
Esthétique et morale. 5 fr.
Variétés philosophiques. 2ᵉ éd. 5 fr.

E. Durkheim.
De la div. du trav. soc. 2ᵉ éd. 7 fr. 50
Le suicide, étude sociolog. 7 fr. 50
L'année sociologique. 10 volumes :
 1ʳᵉ à 5ᵉ années. Chacune. 10 fr.
 6ᵉ à 10ᵉ. Chacune. 12 fr. 50

V. Egger.
La parole intérieure. 2ᵉ éd. 5 fr.

Dwelshauvers.
La synthèse mentale. 5 fr.

A. Espinas.
La philosophie sociale au XVIIIᵉ siècle et la Révolution. 7 fr. 50

Enriques.
Les problèmes de la science et la logique. 3 fr. 75

F. Evellin.
La raison pure et les antinomies. 5 fr.

G. Ferrero.
Les lois psychologiques du symbolisme. 5 fr.

Enrico Ferri.
La sociologie criminelle. 10 fr.

Louis Ferri.
La psychologie de l'association, depuis Hobbes. 7 fr. 50

J. Finot.
Le préjugé des races. 3ᵉ éd. 7 fr. 50
Philos. de la longévité. 12ᵉ éd. 5 fr.

Fonsegrive.
Le libre arbitre. 2ᵉ éd. 10 fr.

M. Foucault.
La psychophysique. 7 fr. 50
Le rêve. 5 fr.

Alf. Fouillée.
Liberté et déterminisme. 5ᵉ éd. 7 fr. 50
Critique des systèmes de morale contemporains. 5ᵉ éd. 7 fr. 50
La morale, l'art et la religion, d'après Guyau. 6ᵉ éd. 3 fr. 75
L'avenir de la métaphys. 2ᵉ éd. 5 fr.
Évolutionnisme des idées-forces. 4ᵉ éd. 7 fr. 50
La psychologie des idées-forces. 2ᵉ édit. 2 vol. 15 fr.
Tempérament et caractère. 3ᵉ éd. 7 fr. 50
Le mouvement idéaliste. 2ᵉ éd. 7 fr. 50
Le mouvement positiviste. 2ᵉ éd. 7.50
Psych. du peuple français. 3ᵉ éd. 7.50
La France au point de vue moral. 3ᵉ édit. 7 fr. 50
Esquisse psychologique des peuples européens. 4ᵉ édit. 10 fr.
Nietzsche et l'immoralisme. 2ᵉ éd. 5 f.
Le moralisme de Kant et l'amoralisme contemporain. 2ᵉ éd. 7 fr. 50
Éléments sociol. de la morale. 2ᵉ édit. 7 fr. 50
La morale des idées-forces. 7 fr. 50
Le socialisme et la sociologie réformiste. 7 fr. 50

E. Fournière.
Théories social. au XIXᵉ siècle. 7 fr. 50

G. Fulliquet.
L'obligation morale. 7 fr. 50

Garofalo.
La criminologie. 5ᵉ édit. 7 fr. 50
La superstition socialiste. 5 fr.

L. Gérard-Varet.
L'ignorance et l'irréflexion. 5 fr.

E. Gley.
Études de psycho-physiologie. 5 fr.

G. Gory.
L'immanence de la raison dans la connaissance sensible. 5 fr.

R. de la Grasserie.
De la psychologie des religions. 5 fr.

J. Grasset.
Demi-fous et demi-responsables. 5 fr.
Introduction physiologique à l'étude de la philosophie. 2ᵉ éd. 5 fr.

G. de Greef.
Le transformisme social. 2ᵉ éd. 7 fr. 50
La sociologie économique. 3 fr. 75

K. Groos.
Les jeux des animaux. 7 fr. 50

Gurney, Myers et Podmore.
Les hallucin. télépath. 4ᵉ éd. 7 fr. 50

Guyau.
La morale angl. cont. 5ᵉ éd. 7 fr. 50
Les problèmes de l'esthétique contemporaine. 6ᵉ éd. 5 fr.
Esquisse d'une morale sans obligation ni sanction. 9ᵉ éd. 5 fr.
L'irréligion de l'avenir. 13ᵉ éd. 7 fr. 50
L'art au point de vue social. 8ᵉ éd. 7 fr. 50
Éducation et hérédité. 10ᵉ éd. 5 fr.

E. Halévy.
La form. du radicalisme philos.
 I. *La jeunesse de Bentham.* 7 fr. 50
 II. *Évol. de la doctr. utilitaire, 1789-1815.* 7 fr. 50
 III. *Le radicalisme philos.* 7 fr. 50

O. Hamelin.
Les éléments de la représentation. 7 fr. 50

Hannequin.
L'hypoth. des atomes. 2ᵉ éd. 7 fr. 50
Études d'histoire des sciences et d'histoire de la philosophie. 2 vol. 15 fr.

P. Hartenberg.
Les timides et la timidité. 3ᵉ éd. 5 fr.
Physionomie et caractère. 5 fr.

Hébert.
Évolut. de la foi catholique. 5 fr.
Le divin. 5 fr.

C. Hémon.
Philos. de Sully Prudhomme. 7 fr. 50

Hermant et Van de Waele.
Les principales théories de la logique contemporaine. 5 fr.

G. Hirth.
Physiologie de l'art. 5 fr.

H. Höffding.
Esquisse d'une psychologie fondée sur l'expérience. 4ᵉ édit. 7 fr. 50
Hist. de la philos. moderne. 2ᵉ édit. 2 vol. 20 fr.
Philosophie de la religion. 7 fr. 50

Hubert et Mauss.
Mélanges d'histoire des religions. 5 fr.

Ioteyko et Stefanowska.
Psycho-physiologie de la douleur. 5 fr.

Isambert.
Les idées socialistes en France (1815-1848). 7 fr. 50

Izoulet.
La cité moderne. 7ᵉ édit. 10 fr.

Jacoby.
La sélect. chez l'homme. 2ᵉ éd. 10 fr.

Paul Janet.
Œuvres philosophiques de Leibniz. 2ᵉ édition. 2 vol. 20 fr.

Pierre Janet.
L'automatisme psychol. 6ᵉ éd. 7 fr. 50

J. Jastrow.
La subconscience. 7 fr. 50

J. Jaurès.
Réalité du monde sensible. 2ᵉ édit. 7 fr. 50

Karppe.
Études d'hist. de la philos. 3 fr. 75

A. Keim.
Helvétius. 10 fr.

P. Lacombe.
Individus et sociétés selon Taine. 7 fr. 50

A. Lalande.
La dissolution opposée à l'évolution. 7 fr. 50

Ch. Lalo.
Esthétique music. scientifique. 5 f.
L'esthétique expérim. cont. 3 fr. 75

A. Landry.
Principes de morale rationnelle. 5 fr.

De Lanessan.
La morale naturelle. 10 fr.
La morale des religions. 10 fr.

P. Laple.
Logique de la volonté. 7 fr. 50

Lauvrière.
Philosophes contemporains. 2ᵉ édit. 3 fr. 75

E. de Laveleye.
De la propriété et de ses formes primitives. 5ᵉ édit. 10 fr.
Le gouvernement dans la démocratie. 3ᵉ éd. 2 vol. 15 fr.

M.-A. Leblond.
L'idéal du XIXᵉ siècle. 5 fr.

Gustave Le Bon.
Psych. du socialisme. 6ᵉ éd. 7 fr. 50

G. Lechalas.
Études esthétiques. 5 fr.

Lechartier.
David Hume, moraliste et sociologue. 5 fr.

Leclère.
Le droit d'affirmer. 5 fr.

F. Le Dantec.
L'unité dans l'être vivant. 7 fr. 50
Limites du connaissable. 3ᵉ édit. 3 fr. 75

Xavier Léon.
La philosophie de Fichte. 10 fr.

Leroy (E.-B.).
Le langage. 5 fr.

A. Lévy.
La philosophie de Feuerbach. 10 fr.
Edgar Poë. Sa vie. Son œuvre. 10 fr.

L. Lévy-Bruhl.
La philosophie de Jacobi. 5 fr.
Lettres de Stuart Mill à Comte. 10 fr
La philos. d'Aug. Comte. 2ᵉ éd. 7 fr. 50
La morale et la science des mœurs. 4ᵉ éd. 5 fr.

Liard.
Science positive et métaphysique. 4ᵉ édit. 7 fr. 50
Descartes. 2ᵉ édit. 5 fr.

H. Lichtenberger.
Richard Wagner, poète et penseur. 5ᵉ édit. 10 fr.
Henri Heine penseur. 3 fr. 75

Lombroso.
La femme criminelle et la prostituée 1 vol. avec planches. 15 fr.
Le crime polit. et les révol. 2 v. 15 f.
L'homme criminel. 3ᵉ édit. 2 vol., avec atlas. 36 fr.
Le crime. 2ᵉ éd. 10 fr.
L'homme de génie (avec planches). 4ᵉ édit. 10 fr.

E. Lubac.
Système de psychol. rationn. 3 fr. 75

G. Luquet.
Idées générales de psychol. 5 fr.

G. Lyon.
L'idéalisme en Angleterre au XVIIIᵉ siècle. 7 fr. 50
Enseignement et religion. 3 fr. 75

BIBL. DE PHILOSOPHIE CONTEMP. (FORMAT IN-8) 27

P. Malapert.
Les éléments du caractère. 2ᵉ éd. 5 fr.
Marion.
La solidarité morale. 6ᵉ édit. 5 fr.
Fr. Martin.
La perception extérieure et la science positive. 5 fr.
J. Maxwell.
Les phénomènes psych. 4ᵉ éd. 5 fr.
E. Meyerson.
Identité et réalité. 7 fr. 50
Max Muller.
Nouv. études de mythol. 12 fr. 50
Myers.
La personnalité humaine. 3ᵉ éd. 7.50
E. Naville.
La logique de l'hypothèse. 2ᵉ éd. 5 fr.
La définition de la philosophie. 5 fr.
Les philosophies négatives. 5 fr.
Le libre arbitre. 2ᵉ édition. 5 fr.
Les philosophies affirmatives. 7 fr. 50
J.-P. Nayrac.
L'attention. 3 fr. 75
Max Nordau.
Dégénérescence. 2v. 7ᵉ éd. 17 fr. 50
Les mensonges conventionnels de notre civilisation. 10ᵉ éd. 5 fr.
Vus du dehors. 5 fr.
Novicow.
Luttes entre soc. humaines. 2ᵉ éd. 10 f.
Gaspillages des soc. mod. 2ᵉ éd. 5 fr.
Justice et expansion de la vie. 7 fr. 50
H. Oldenberg.
Le Bouddha. 2ᵉ éd. 7 fr. 50
La religion du Véda. 10 fr.
Ossip-Lourié.
La philosophie russe contemp. 5 fr
Psychol. des romanciers russes au XIXᵉ siècle. 7 fr. 50
Ouvré.
Form. littér. de la pensée grecq. 10 fr.
G. Palante.
Combat pour l'individu. 3 fr. 75
Fr. Paulhan.
Les caractères. 3ᵉ édition. 5 fr.
Les mensonges du caractère. 5 fr.
Le mensonge de l'art. 5 fr.
Payot.
L'éducation de la volonté. 31ᵉ éd. 5 fr.
La croyance. 3ᵉ éd. 5 fr.
Jean Pérès.
L'art et le réel. 3 fr. 75
Bernard Perez.
Les trois premières années de l'enfant. 5ᵉ édit. 5 fr.
L'enfant de 3 à 7 ans. 4ᵉ éd. 5 fr.
L'éd. mor. dès le berceau. 4ᵉ éd. 5 fr.
L'éd. intell. dès le berceau. 2ᵉ éd. 5 fr.
C. Piat.
La personne humaine. 7 fr. 50
Destinée de l'homme. 5 fr.

Picavet.
Les idéologues. 10 fr.
Piderit.
La mimique et la physiognomonie, avec 95 fig. 5 fr.
Pillon.
L'année philos. 20 vol., chacun. 5 fr.
J. Ploger.
La vie et la pensée. 5 fr.
La vie sociale, la morale et le progrès. 5 fr.
L. Prat.
Le caractère empirique et la personne. 7 fr. 50
Preyer.
Éléments de physiologie. 5 fr.
L. Proal.
Le crime et la peine. 3ᵉ éd. 10 fr.
La criminalité politique. 2ᵉ éd. 5 fr.
Le crime et le suicide passionn. 10 f.
G. Rageot.
Le succès. 3 fr. 75
F. Rauh.
De la méthode dans la psychologie des sentiments. 2ᵉ éd. 5 fr.
L'expérience morale. 3 fr. 75
Récéjac.
La connaissance mystique. 5 fr.
G. Renard.
La méthode scientifique de l'histoire littéraire. 10 fr.
Renouvier.
Les dilem. de la métaph. pure. 5 fr.
Hist. et solut. des problèmes métaphysiques. 7 fr. 50
Le personnalisme. 10 fr.
Critique de la doctrine de Kant. 7.50
Science de la morale. Nouvelle édit. 2 vol. 15 fr.
G. Revault d'Allonnes.
Psychologie d'une religion. 5 fr.
Les inclinations. 3 fr. 75
A. Rey.
La théorie de la physique chez les physiciens contemp. 7 fr. 50
Ribéry.
Classification des caractères. 3 fr. 75
Th. Ribot.
L'hérédité psycholog. 9ᵉ éd. 7 fr. 50
La psychologie anglaise contemporaine. 3ᵉ éd. 7 fr. 50
La psychologie allemande contemporaine. 7ᵉ éd. 7 fr. 50
La psych. des sentim. 7ᵉ éd. 7 fr. 50
L'évol. des idées générales. 3ᵉ éd. 5 fr.
L'imagination créatrice. 3ᵉ éd. 5 fr.
Logique des sentiments. 2ᵉ éd. 3 fr. 75
Essai sur les passions. 3ᵉ éd. 3 fr. 75
Ricardou.
De l'idéal. 5 fr.

G. Richard.
L'idée d'évolution dans la nature et dans l'histoire. 7 fr. 50

H. Riemann.
Elém. de l'esthétiq. musicale. 5 fr.

E. Rignano.
Transmissibilité des caractères acquis. 5 fr.

A. Rivaud.
Essence et existence chez Spinoza. 3 fr. 75

E. de Roberty.
Ancienne et nouvelle philos. 7 fr. 50
La philosophie du siècle. 5 fr.
Nouveau programme de sociol. 5 fr.
Sociologie de l'action. 3 fr. 75

G. Rodrigues.
Le problème de l'action. 3 fr. 75

F. Roussel-Despierres.
Liberté et beauté. 7 fr. 50

Romanes.
L'évol. ment. chez l'homme. 7 fr. 50

Russell.
La philosophie de Leibniz. 3 fr. 75

Ruyssen.
Évolut. psychol. du jugement. 5 fr.

A. Sabatier.
Philosophie de l'effort. 2ᵉ éd. 7 fr. 50

Emile Saigey.
La physique de Voltaire. 5 fr.

G. Saint-Paul.
Le langage intérieur. 5 fr.

E. Sanz y Escartin.
L'individu et la réforme sociale. 7.50

F. Schiller.
Études sur l'humanisme. 10 fr.

A. Schinz.
Anti-pragmatisme. 5 fr.

Schopenhauer.
Aphorismes sur la sagesse dans la vie. 9ᵉ éd. 5 fr.
Le monde comme volonté et représentation. 5ᵉ éd. 3 vol. 22 fr. 50

Séailles.
Ess. sur le génie dans l'art. 2ᵉ éd. 5 fr.
Philosoph. de Renouvier. 7 fr. 50

Sighele.
La foule criminelle, 2ᵉ édit. 5 fr.

Sollier.
Psychologie de l'idiot et de l'imbécile. 2ᵉ éd. 5 fr.
Le problème de la mémoire. 3 fr. 75
Le mécanisme des émotions. 5 fr.
Le doute. 7 fr. 50

Souriau.
L'esthétique du mouvement. 5 fr.
La beauté rationnelle. 10 fr.
La suggestion dans l'art. 2ᵉ édit. 5 fr.

Spencer (Herbert).
Les premiers principes. 11ᵉ éd. 10 fr.
Principes de psychologie. 2 vol. 20 fr.
Princip. de biologie. 6ᵉ éd. 2 v. 20 fr.
Princip. de sociol. 5 vol. 43 fr. 75
  I. *Données de la sociologie*, 10 fr. —
  II. *Inductions de la sociologie.*
  Relations domestiques, 7 fr. 50. —
  III. *Institutions cérémonielles et politiques*, 15 fr. — IV. *Institutions ecclésiastiques*, 3 fr. 75.
  — V. *Institutions professionnelles*, 7 fr. 50.
Justice. 3ᵉ éd. 7 fr. 50
Rôle moral de la bienfaisance. 7.50
Morale des différents peuples. 7.50
Problèmes de morale et de sociologie. 2ᵉ éd. 7 fr. 50
Essais sur le progrès. 5ᵉ éd. 7 fr. 50
Essais de politique. 4ᵉ éd. 7 fr. 50
Essais scientifiques. 3ᵉ éd. 7 fr. 50
De l'éducation. 13ᵉ édit. 5 fr.
Une autobiographie. 10 fr.

P. Stapfer.
Questions esthétiques et religieuses 3 fr. 75

Stein.
La question sociale au point de vue philosophique. 10 fr.

Stuart Mill.
Mes mémoires. 5ᵉ éd. 5 fr.
Système de logique. 2 vol. 20 fr.
Essais sur la religion. 4ᵉ édit. 5 fr.
Lettres à Auguste Comte.

James Sully.
Le pessimisme. 2ᵉ éd. 7 fr. 50
Essai sur le rire. 7 fr. 50

Sully Prudhomme.
La vraie religion selon Pascal. 7 fr. 50
Le lien social. 3 fr. 75

G. Tarde.
La logique sociale. 3ᵉ édit. 7 fr. 50
Les lois de l'imitation. 5ᵉ éd. 7 fr. 50
L'opposition universelle. 7 fr. 50
L'opinion et la foule. 3ᵉ édit. 5 fr.

Em. Tardieu.
L'ennui. 5 fr.

P.-Félix Thomas.
L'éducation des sentiments. 5ᵉ éd. 5 fr.
Pierre Leroux. Sa philosophie. 5 fr.

P. Tisserand.
L'anthropologie de Maine de Biran. 10 fr.

Et. Vacherot.
Essais de philosophie critique. 7 fr. 50
La religion. 7 fr. 50

I. Waynbaum.
La physionomie humaine. 5 fr.

L. Weber.
Vers le positivisme absolu par l'idéalisme. 7 fr. 50

ÉCONOMIE POLITIQUE — SCIENCE FINANCIÈRE

COLLECTION DES PRINCIPAUX ÉCONOMISTES
Enrichie de commentaires, de notes explicatives et de notices historiques
(Collection Guillaumin.)

MÉLANGES (1re PARTIE)

David Hume. *Essai sur le commerce, le luxe, l'argent, les impôts, le crédit public, sur la balance du commerce, la jalousie commerciale, la population des nations anciennes.* — **V. de Forbonnais.** *Principes économiques.* — **Condillac.** *Le commerce et le gouvernement.* — **Condorcet.** *Lettres d'un laboureur de Picardie à M. N**** (Necker). — *Réflexions sur l'esclavage des nègres.* — *Réflexions sur la justice criminelle.* — *De l'influence de la révolution d'Amérique sur l'Europe.* — *De l'impôt progressif.* — **Lavoisier.** *De la richesse territoriale du royaume de France.* — **Franklin.** *La science du bonhomme Richard et ses autres opuscules.* 1 vol. grand in-8 . . . . 10 fr.

MÉLANGES (2e PARTIE)

Necker. *Sur la législation et le commerce des grains.* — **L'abbé Galiani.** *Dialogues sur le commerce des blés* avec la *Réfutation* de l'abbé Morellet. — **Montyon.** *Quelle influence ont les diverses espèces d'impôts sur la moralité, l'activité et l'industrie des peuples?* — **Bentham.** *Défense de l'usure.* 1 vol. gr. in-8 . . . . 10 fr.

RICARDO

Œuvres complètes. Les œuvres de Ricardo se composent : 1° des **Principes de l'économie politique et de l'impôt.** — 2° Des ouvrages ci-après : *De la protection accordée à l'agriculture.* — *Plan pour l'établissement d'une banque nationale.* — *Essai sur l'influence du bas prix des blés sur les profits du capital.* — *Proposition pour l'établissement d'une circulation monétaire économique et sûre.* — *Le haut prix des lingots est une preuve de la dépréciation des billets de banque.* — *Essai sur les emprunts publics*, avec des notes. 1 vol. in-8 . . . . 10 fr.

J.-B. SAY
Cours complet d'économie politique pratique. 2 vol. grand in-8. 20 fr.

J.-B. SAY
Œuvres diverses : *Catéchisme d'économie politique.* — *Lettres à Malthus et correspondance générale.* — *Olbie.* — *Petit volume.* — *Fragments et opuscules inédits.* 1 vol. grand in-8 . . . . 10 fr.

ADAM SMITH
Recherches sur la nature et les causes de la richesse des nations, traduction de G. Garnier. 5e édition, augmentée. 2 vol. in-8 . . . 16 fr.

DICTIONNAIRE DU COMMERCE
DE L'INDUSTRIE ET DE LA BANQUE
DIRECTEURS :
MM. Yves GUYOT et Arthur RAFFALOVICH

2 volumes grand in-8. Prix, brochés . . . . 50 fr.
— — reliés . . . . 58 fr.

Cet ouvrage peut s'acquérir en envoyant un mandat-poste de 10 fr., au reçu duquel est faite l'expédition du livre, et en payant le reste, soit 40 fr., en quatre traites de 10 fr. chacune, de deux mois en deux mois.
(Pour recevoir l'ouvrage relié ajouter 8 fr. au premier paiement.)

COLLECTION DES ÉCONOMISTES
ET PUBLICISTES CONTEMPORAINS
Format in-8.

VOLUMES RÉCEMMENT PUBLIÉS

ANTOINE (Ch.). Cours d'économie sociale. 4ᵉ édition, revue et augmentée. 1 vol. in-8 . . . . 9 fr.

ARNAUNÉ (Aug.), ancien directeur de la Monnaie, conseiller maître à la Cour des comptes. La monnaie, le crédit et le change. 1 vol. in-8. 4ᵉ édition, revue et augmentée. . . . . 8 fr.

COLSON (C.), de l'Institut. Cours d'économie politique, professé à l'École nationale des ponts et chaussées.
  Livre I. — *Théorie générale des phénomènes économiques.* 2ᵉ édition revue et augmentée. . . . . 6 fr.
  — II. — *Le travail et les questions ouvrières.* 3ᵉ tirage. . . 6 fr.
  — III. — *La propriété des biens corporels et incorporels.* 2ᵉ tir⁹ᵉ. 6 fr.
  — IV. — *Les entreprises, le commerce et la circulation.* 2ᵉ tirᵉ. 6 fr.
  — V. — *Les finances publiques et le budget de la France.* . 6 fr.
  — VI. — *Les travaux publics et les transports.* . . . . . . 6 fr.
  — Supplément annuel (1910) aux *Livres IV, V et VI*, broch. in-8. 1 fr.

COURCELLE-SENEUIL, de l'Institut. Traité théorique et pratique des opérations de banque. *Dixième édition, revue et mise à jour, par* A. Liesse, professeur au Conservatoire des arts et métiers. 1 vol. in-8. 9 fr.

EICHTHAL (Eugène d'), de l'Institut. La formation des richesses et ses conditions sociales actuelles, *notes d'économie politique*. . . 7 fr. 50

LEROY-BEAULIEU (P.), de l'Institut. Traité théorique et pratique d'économie politique. 5ᵉ édition. 5 vol. in-8. . . . . 36 fr.

MARTIN-SAINT-LÉON (E.), conservateur de la bibliothèque du Musée Social. Histoire des corporations de métiers, *depuis leurs origines jusqu'à leur suppression en 1791,* suivie d'une étude sur *l'Évolution de l'Idée corporative de 1791 à nos jours* et sur le *Mouvement syndical contemporain.* Deuxième édition, revue et mise au courant. 1 fort vol. in-8. (*Couronné par l'Académie française*) . . . . 10 fr.

NEYMARCK (A.). Finances contemporaines. — Tome I. *Trente années financières, 1872-1901.* 1 vol. in-8, 7 fr. 50. — Tome II. *Les budgets, 1872-1903.* 1 vol. in-8, 7 fr. 50. — Tome III. *Questions économiques et financières, 1872-1904.* 1 vol. in-8, 10 fr. — Tomes IV-V : *L'obsession fiscale, questions fiscales, propositions et projets relatifs aux impôts depuis 1871 jusqu'à nos jours.* 2 vol. in-8 (1907). . . . . . . 15 fr.

NOVICOW (J.). Le problème de la misère et les phénomènes économiques naturels. 1 vol. in-8. . . . . 7 fr. 50

PAUL-BONCOUR. Le fédéralisme économique et le syndicalisme obligatoire, préface de Waldeck-Rousseau. 1 vol. in-8. 2ᵉ édit. 6 fr.

RAFFALOVICH (A.). Le marché financier. France, Angleterre, Allemagne, Russie, Autriche, Japon, Suisse, Italie, Espagne, États-Unis. Questions monétaires. Métaux précieux. Années 1891. 1 vol. 5 fr. 1892. 1 vol. 5 fr. 1893 à 1894 1 vol. 6 fr. 1894-1895 à 1896-1897. Chacune 1 vol. 7 fr. 50; 1897-1898 à 1901-1902, chacune 1 vol. 10 fr. ; 1902-1903 à 1909-1910, chacune 1 vol. . . . . 12 fr.

STOURM de l'Institut. *Cours de finances.* Le budget, son histoire et son mécanisme. 6ᵉ édition. 1 vol. in-8. . . . . 10 fr.

WEULERSSE (G.). Le mouvement physiocratique en France de 1856 à 1770. 2 vol. in-8 (1910) . . . . 25 fr.

PRÉCÉDEMMENT PARUS

BANFIELD, Prof à l'Univ. de Cambridge. Organisation de l'industrie, traduit par M. Emile Thomas. 1 vol. in-8. . . . . 6 fr.

BAUDRILLART (H.), de l'Institut. Philosophie de l'économie politique. *Des rapports de l'économie politique et de la morale.* 2ᵉ éd. in-8. 9 fr.

BLANQUI, de l'Institut. Histoire de l'économie politique en Europe, *depuis les Anciens jusqu'à nos jours,* 5ᵉ édition. 1 vol. in-8. . . 8 fr.

BLOCK (M.), de l'Institut. Les progrès de la science économique depuis Adam Smith. 2ᵉ édit. augmentée. 2 vol. in-8 . . . . 16 fr.
BLUNTSCHLI. Le droit international codifié. Traduit de l'allemand par M. C. Lardy, 5ᵉ édition, revue et augmentée. 1 vol. in-8. . . . 10 fr.
— Théorie générale de l'État, traduit de l'allemand par M. de Riedmatten. 3ᵉ édition. 1 vol. in-8. . . . . 9 fr.
COURCELLE-SENEUIL, de l'Institut. Traité théorique et pratique d'économie politique. 3ᵉ édition, revue et corrigée. 2 vol. in-18. 7 fr.
COURTOIS (A.). Histoire des banques en France. 2ᵉ édition. 1 v. in-8. 8 fr. 50
FAUCHER (L.), de l'Institut. Études sur l'Angleterre. 2 vol. in-8. 6 fr.
FIX (Th.). Observations sur l'état des classes ouvrières. in-8. . 5 fr.
GROTIUS. Le droit de la guerre et de la paix. 3 vol. in-8. . 12 fr. 50
HAUTEFEUILLE. Des droits et des devoirs des nations neutres en temps de guerre maritime. 3ᵉ édit. refondue. 3 forts vol. in-8. 22 fr. 50
— Histoire des origines, des progrès et des variations du droit maritime international. 2ᵉ édition. 1 vol. in-8. . . . . 7 fr. 50
LEROY-BEAULIEU (P.), de l'Institut. Traité de la science des finances. 7ᵉ édition, revue, corrigée et augmentée. 2 forts vol. in-8. . . 25 fr.
— Essai sur la répartition des richesses et sur la tendance à une moindre inégalité des conditions. 3ᵉ édit., revue et corrigée. 1 vol. in-8. 9 fr.
— L'État moderne et ses fonctions. 3ᵉ édition. 1 vol. in-8. . . 9 fr.
— Le collectivisme, *examen critique du nouveau socialisme.* — *L'Évolution du Socialisme depuis 1895.* — *Le syndicalisme.* 5ᵉ édit., revue et augmentée. 1 vol. in-8. . . . . 9 fr.
— De la colonisation chez les peuples modernes. 6ᵉ édition. 2 vol. in-8. 20 fr.
LIESSE (A.), professeur au Conservatoire national des arts et métiers. Le travail *aux points de vue scientifique, industriel et social.* 1 vol. in-8. . . . . 7 fr. 50
MORLEY (John). La vie de Richard Cobden, traduit par Sophie Raffalovich. 1 vol. in-8. . . . . 8 fr.
PASSY (H.), de l'Institut. Des formes de gouvernement et des lois qui les régissent. 2ᵉ édition. 1 vol. in-8. . . . . 7 fr. 50
PRADIER-FODÉRÉ. Précis de droit administratif. 7ᵉ édition, tenue au courant de la législation. 1 fort vol. in-8. . . . . 10 fr.
RICHARD (A.). L'organisation collective du travail, préface par Yves Guyot. 1 vol. grand in-8. . . . . 6 fr.
ROSSI (P.), de l'Institut. Cours d'économie politique, 5ᵉ édition. 4 vol. in-8. . . . . 15 fr.
— Cours de droit constitutionnel, 2ᵉ édition. 4 vol. in-8. . . . 15 fr.
STOURM (R.), de l'Institut. Les systèmes généraux d'impôts. 3ᵉ édition revisée et mise au courant. 1 vol. in-8 . . . . . *En préparation.*
VIGNES (Édouard). Traité des impôts en France. 4ᵉ édition, mise au courant de la législation, par M. Vergniaud. 2 vol. in-8. . . . 16 fr.
VILLEY (Ed.). Principes d'économie politique. 3ᵉ édit. 1 vol. in-8. 10 fr.

BIBLIOTHÈQUE DES SCIENCES MORALES ET POLITIQUES

Format in-18 jésus.

VOLUMES RÉCEMMENT PUBLIÉS.

BOURDEAU (J.). — Entre deux servitudes. *Démocratie, socialisme, syndicalisme, impérialisme, les étapes de l'internationale socialiste, opinions de sociologues.* 1 vol. in-16. . . . . 3 fr. 50
BROUILHET (Ch.). — Le conflit des doctrines dans l'économie politique contemporaine. 1 vol. in-16. . . . . 3 fr. 50
DEPUICHAULT. — La Fraude successorale par le procédé du compte-joint. Préface de M. Paul Leroy-Beaulieu. 1 vol. in-16 . . . 3 fr. 50
DUGUIT (L.) — Le droit social, le droit individuel et la transformation de l'État. 1 vol. in-16, 2ᵉ édit. . . . . 2 fr. 50
LESEINE (L.) et SURET (L.). — Introduction mathématique à l'étude de l'économie politique. 1 vol. in-16 avec figures. . . . . . . 3 fr.

NOUEL (R.). — **Les Sociétés par actions**, *leur réforme*, préface de P. Baudin. 1 vol. in-16 . . . . 3 fr. 50
PAWLOWSKI (A.). — **La Confédération générale du travail.** *Ses origines, son organisation, ses tendances, ses moyens d'action et son avenir.* Préface de J. Bourdeau. 1 vol. in-16 . . . . . 2 fr. 50
PETIT (Ed.). — **De l'École à la Cité.** *Études sur l'éducation populaire.* 1 vol. in-16 . . . . 3 fr. 50
Politique budgétaire en Europe (La). — *Les tendances actuelles, Allemagne, France, Grande-Bretagne, Empire Ottoman, Russie*, par MM. Émile Loubet, S.-A. Hussein, Hilmi Pacha, André Lebon, Georges Blondel, Raphael-Georges Lévy, A. Raffalovich, Charles Laurent, Charles Picot, Henri Gans. 1 vol. in-16 . . . . . 3 fr. 50

PRÉCÉDEMMENT PARUS

AUCUY (M.). Les systèmes socialistes d'échange. Avant-propos de M. A. Deschamps, prof. à la Faculté de Droit de Paris. 1 vol. in-16 3 fr. 50
BASTIAT (Frédéric). Œuvres complètes, précédées d'une *Notice* sur sa vie et ses écrits. 7 vol. in-18 . . . . 24 fr. 50
   I. *Correspondance.* — *Premiers écrits.* 3ᵉ édition, 3 fr. 50 ; — II. Le *Libre-Échange.* 3ᵉ édition, 3 fr. 50 ; — III. *Cobden et la Ligue.* 4ᵉ édition, 2 fr. 50 ; — IV et V. *Sophismes économiques.* — *Petits pamphlets.* 6ᵉ édit. 2 vol., 7 fr. ; — VI. *Harmonies économiques.* 9ᵉ édition, 3 fr. 50 ; — VII. *Essais.* — *Ébauches.* — *Correspondance.* . . . . . . 3 fr. 50
   Les tomes IV et V seuls ne se vendent que réunis.
CHALLAYE. Syndicalisme révolutionnaire et syndicalisme réformiste. 1 vol. in-16 . . . . 2 fr. 50
CIESZKOWSKI (A.). Du crédit et de la circulation. 3ᵉ édit. in-18. 3 fr. 50
COURCELLE-SENEUIL (J.-G.). Traité théorique et pratique d'économie politique. 3ᵉ édit. 2 vol. in-18. . . . . 7 fr.
— **La société moderne.** 1 vol. in-18. . . . . 5 fr.
DOLLÉANS. Robert Owen (1771-1858). Avant-propos de M. E. Faguet, de l'Académie française. 1 vol. in-18, avec gravures. . . . . 3 fr. 50
EICHTHAL (E. d'), de l'Institut. La liberté individuelle du travail et les menaces du législateur. 1 vol. in-16. . . . . 2 fr. 50
Forces productives de la France (Les). Conférences organisées par la Société des anciens élèves de l'École libre des sciences politiques, par MM. P. Baudin, P. Leroy-Baulieu, Millerand, Roume, J. Thierry, E. Allix, J.-C. Charpentier, H. de Peyerimhoff, P. de Rousiers, D. Zolla. 1 vol. in-16 . . . . 3 fr. 50
FREEMAN (E.-A.). Le développement de la constitution anglaise, depuis les temps les plus reculés jusqu'à nos jours. 1 vol. in-18. . . 3 fr. 50
GAUTHIER (A.-E.), sénateur, ancien ministre. La réforme fiscale par l'impôt sur le revenu. 1 vol. in-18. . . . . 3 fr. 50
LIESSE, professeur au Conservatoire des arts et métiers. La statistique, ses difficultés, ses procédés, ses résultats. 1 vol. in-18. . . 2 fr. 50
— Portraits de financiers. Ouvrard, Mollien, Gaudin, Baron Louis, Corvetto, Laffitte, De Villèle. 1 vol. in-18. . . . . 3 fr. 50
MARGUERY (E.). Le droit de propriété et le régime démocratique. 1 vol. in-18. 2 fr. 50
MERLIN (R.), biblioth. archiviste du Musée social. Le contrat de travail, les salaires, la participation aux bénéfices. 1 v. in-18. . . 2 fr. 50
MILHAUD (Mlle Caroline). L'ouvrière en France, *sa condition présente, réformes nécessaires.* 1 vol. in-18. . . . . 2 fr. 50
MILHAUD (Edg.), professeur d'économie politique à l'Université de Genève. L'imposition de la rente. *Les engagements de l'État, les intérêts du crédit public, l'égalité devant l'impôt.* 1 vol. in-16. . 3 fr. 50
MOLINARI (G. de), correspondant de l'Institut. Questions économiques à l'ordre du jour. 1 vol. in-18 . . . . 3 fr. 50
— Les problèmes du XXᵉ siècle. 1 vol. in-18. . . . . 3 fr. 50
— Théorie de l'Évolution. *Économie de l'histoire.* 1 vol. in-16. 3 fr. 50
PIC (P.), professeur de législation industrielle à l'Université de Lyon. La protection légale des travailleurs et le droit international ouvrier. 1 vol. in-16 . . . . 2 fr. 50
STUART MILL (J.). Le gouvernement représentatif. Traduction et *Introduction*, par M. Dupont-White. 3ᵉ édition. 1 vol. in-18. 4 fr.

COLLECTION
D'AUTEURS ÉTRANGERS CONTEMPORAINS

Histoire — Morale — Économie politique — Sociologie

Format in-8. (Pour le cartonnage, 1 fr. 50 en plus.)

BAMBERGER. — **Le Métal argent au XIX⁰ siècle.** Traduction par M. Raphael-Georges Lévy. 1 vol. Prix, broché . . . . . . 6 fr. 50

C. ELLIS STEVENS. — **Les Sources de la Constitution des États-Unis** *étudiées dans leurs rapports avec l'histoire de l'Angleterre et de ses Colonies*. Traduit par Louis Vossion. 1 vol. in-8. Prix, broché. 7 fr. 50

GOSCHEN. — **Théorie des Changes étrangers.** Traduction et préface de M. Léon Say. *Quatrième édition française* suivie du *Rapport de 1875 sur le paiement de l'indemnité de guerre*, par le même. 1 vol. Prix, broché . . . . 7 fr. 50

HERBERT SPENCER. — **Justice.** 3ᵉ *édition*. Trad. de M. E. Castelot. 1 vol. Prix, broché . . . . 7 fr. 50

HERBERT SPENCER. — **La Morale des différents Peuples et la Morale personnelle.** Traduction de MM. Castelot et E. Martin Saint-Léon. 1 vol. Prix, broché . . . . 7 fr. 50

HERBERT SPENCER. — **Les Institutions professionnelles et industrielles.** Traduit par Henri de Varigny. 1 vol. in-8. Prix, br. 7 fr. 50

HERBERT SPENCER. — **Problèmes de Morale et de Sociologie.** Traduction de M. H. de Varigny. 2ᵉ édit. 1 vol. Prix, broché . . 7 fr. 50

HERBERT SPENCER. — **Du Rôle moral de la Bienfaisance.** (*Dernière partie des principes de l'éthique*). Traduction de MM. E. Castelot et E. Martin Saint-Léon. 1 vol. Prix, broché . . . . 7 fr. 50

HOWELL. — **Le Passé et l'Avenir des Trade Unions.** *Questions sociales d'aujourd'hui*. Traduction et préface de M. Le Cour Grandmaison. 1 vol. Prix, broché . . . . 5 fr. 50

KIDD. — **L'évolution sociale.** Traduit par M. P. Le Monnier. 1 vol. in-8. Prix, broché . . . . 7 fr. 50

NITTI. — **Le Socialisme catholique.** Traduit avec l'autorisation de l'auteur. 1 vol. Prix, broché . . . . 7 fr. 50

RUMELIN. — **Problèmes d'Économie politique et de Statistique.** Traduit par Ar. de Riedmatten. 1 vol. Prix, broché . . . . . 7 fr. 50

SCHULZE GAVERNITZ. — **La grande Industrie.** Traduit de l'allemand. Préface par M. G. Guéroult. 1 vol. Prix, broché . . . . . 7 fr. 50

W.-A. SHAW. — **Histoire de la Monnaie (1252-1894).** Traduit par M. Ar. Raffalovich. 1 vol. Prix, broché . . . . 7 fr. 50

THOROLD ROGERS. — **Histoire du Travail et des Salaires en Angleterre depuis la fin du XIII⁰ siècle.** Traduction avec notes par E. Castelot. 1 vol. in-8. Prix, broché . . . . 7 fr. 50

WESTERMARCK. — **Origine du Mariage dans l'espèce humaine.** Traduction de M. H. de Varigny. 1 vol. Prix broché . . . . . . 11 fr.

A.-D. WHITE. — **Histoire de la Lutte entre la Science et la Théologie.** Traduit et adapté par MM. H. de Varigny et G. Adam. 1 vol. in-8. Prix, broché . . . . 7 fr. 50

PETITE BIBLIOTHÈQUE ÉCONOMIQUE
FRANÇAISE ET ÉTRANGÈRE
PUBLIÉE SOUS LA DIRECTION DE M. J. CHAILLEY-BERT

PRIX DE CHAQUE VOLUME IN-32, ORNÉ D'UN PORTRAIT
Cartonné toile . . . . 2 fr. 50

XVIII VOLUMES PUBLIÉS

I. — VAUBAN. — **Dîme royale**, par G. MICHEL.
II. — BENTHAM. — **Principes de Législation**, par Mlle RAFFALOVICH.
III. — HUME. — **Œuvre économique**, par Léon SAY.
IV. — J.-B. SAY. — **Économie politique**, par H. BAUDRILLART, de l'Institut.
V. — ADAM SMITH. — **Richesse des Nations**, par COURCELLE-SENEUIL, de l'Institut. 2e édit.
VI. — SULLY. — **Économies royales**, par M. J. CHAILLEY-BERT.
VII. — RICARDO. — **Rentes, Salaires et Profits**, par M. P. BEAUREGARD, de l'Institut.
VIII. — TURGOT. — **Administration et Œuvres économiques**, par M. L. ROBINEAU.
IX. — JOHN-STUART MILL. — **Principes d'économie politique**, par M. L. ROQUET.
X. — MALTHUS. — **Essai sur le principe de population**, par M. G. de MOLINARI.
XI. — BASTIAT. — **Œuvres choisies**, par M. de FOVILLE, de l'Institut. 2e édit.
XII. — FOURIER. — **Œuvres choisies**, par M. Ch. GIDE.
XIII. — F. LE PLAY. — **Économie sociale**, par M. F. AUBURTIN. Nouvelle édit.
XIV. — COBDEN. — **Ligue contre les lois, Céréales et Discours politiques**, par Léon SAY, de l'Académie française.
XV. — KARL MARX. — **Le Capital**, par M. VILFREDO PARETO, 3e édit.
XVI. — LAVOISIER. — **Statistique agricole et projets de réformes**, par MM. SCHELLE et Ed. GRIMAUX, de l'Institut.
XVII. — LÉON SAY. — **Liberté du Commerce, finances publiques** par M. J. CHAILLEY-BERT.
XVIII. — QUESNAY. — **La Physiocratie**, par M. Yves GUYOT.

Chaque volume est précédé d'une introduction et d'une étude biographique, bibliographique et critique sur chaque auteur.

NOUVEAU DICTIONNAIRE
D'ÉCONOMIE POLITIQUE
PUBLIÉ SOUS LA DIRECTION DE
M. LÉON SAY et de **M. JOSEPH CHAILLEY-BERT**
Deuxième édition.

2 vol. grand in-8 raisin et un Supplément : prix, brochés . . . . . . **60 fr.**
— — demi-reliure chagrin . . . . **69 fr.**

COMPLÉTÉ PAR 3 TABLES : Table des auteurs, table méthodique et table analytique.

Cet ouvrage peut s'acquérir en envoyant un mandat-poste de 20 fr., au reçu duquel est faite l'expédition du livre, et en payant le reste, soit 40 fr., en quatre traites de 10 fr. chacune, de deux mois en deux mois. (*Pour recevoir l'ouvrage relié ajouter 9 fr. au premier paiement.*)

REVUE PHILOSOPHIQUE
DE LA FRANCE ET DE L'ÉTRANGER
DIRIGÉE par **Th. RIBOT**
Membre de l'Institut, Professeur honoraire au Collège de France.
36° année, 1911. — PARAIT TOUS LES MOIS.
Abonnement :
Un an du 1er Janvier : Paris, 30 fr.; Départ. et Etranger, 33 fr.
La livraison, 3 fr.

JOURNAL DE PSYCHOLOGIE
NORMALE ET PATHOLOGIQUE
DIRIGÉ PAR LES DOCTEURS
Pierre JANET et **G. DUMAS**
Professeur de psychologie au Collège   Professeur-adjoint à la Sorbonne.
de France.

8° année, 1911. — PARAIT TOUS LES DEUX MOIS.
ABONNEMENT, UN AN, du 1er janvier, 14 fr.
La livraison, 2 fr. 60.
Le prix d'abonnement est de 12 fr. pour les abonnés de la Revue philosophique.

JOURNAL DES ÉCONOMISTES
REVUE MENSUELLE DE LA SCIENCE ÉCONOMIQUE ET DE LA STATISTIQUE
70° ANNÉE, 1911.
PARAIT LE 15 DE CHAQUE MOIS
par fascicules grand in-8 de 10 à 12 feuilles (180 à 192 pages).

RÉDACTEUR EN CHEF : **M. YVES GUYOT**
Ancien ministre,
Vice-président de la Société d'Économie politique.

CONDITIONS DE L'ABONNEMENT :
France et Algérie : UN AN........ 36 fr.; SIX MOIS....... 19 fr.;
Union postale : UN AN............ 38 fr.; SIX MOIS....... 20 fr.
LE NUMÉRO............ 3 fr. 50
Les abonnements partent de Janvier, Avril, Juillet ou Octobre.

REVUE HISTORIQUE
Dirigée par MM. **G. MONOD**, de l'Institut, et **Ch. BÉMONT**.
(36° année, 1911). — Parait tous les deux mois.
Abonnement du 1er Janvier, un an : Paris, 30 fr. — Départements et étranger, 33 fr. La livraison, 6 fr.

Revue Anthropologique
Organe de l'École d'Anthropologie de Paris.
faisant suite à la *Revue de l'École d'Anthropologie de Paris*
Revue Mensuelle. — 21° année 1911.

Abonnement, un an, du 1er janvier : France et Etranger, 10 fr.
— Le Numéro, 1 fr.

REVUE DU MOIS

Directeur : **Émile BOREL**, professeur à la Sorbonne.
Secrétaire de la rédaction : A. BIANCONI, agrégé de l'Université.

Sixième année, 1911

Paraît le 10 de chaque mois par livraisons de 128 pages grand in-8° (25 × 16)

Chaque année forme deux volumes de 750 à 800 pages chacun.

La Revue du Mois, qui est entrée en janvier 1911 dans sa sixième année, suit avec attention dans toutes les parties du savoir le mouvement des idées. Rédigée par des spécialistes éminents, elle a pour objet de tenir sérieusement les esprits cultivés au courant de tous les progrès. Dans des articles de fond aussi nombreux que variés, elle dégage les résultats les plus généraux et les plus intéressants de chaque ordre de recherches, ceux qu'on ne peut ni ne doit ignorer. Dans des notes plus courtes, elle fait place aux discussions, elle signale et critique les articles de Revues, les livres qui méritent intérêt.

Abonnement :

Un an : Paris, 20 fr. — Départements, 22 fr. — Étranger, 25 fr.
Six mois : — 10 fr. — — 11 fr. — — 12 fr. 50
La livraison, 2 fr. 25

Les abonnements partent du dix de chaque mois.

REVUE DES SCIENCES POLITIQUES

Paraissant tous les deux mois

publiée avec la collaboration des professeurs et des anciens élèves de l'École libre des Sciences politiques.
et faisant suite aux *Annales des Sciences politiques*.

Rédacteur en chef : **M. Maurice ESCOFFIER**
Maître de Conférences à l'École.

Abonnement : du 1er janvier, Paris 18 fr.; Départ. et Étranger, 19 fr.
La livraison : 3 fr. 50.

Abonnements sans frais à la Librairie Félix Alcan, chez tous les libraires et dans tous les bureaux de poste.

www.ingramcontent.com/pod-product-compliance
Lightning Source LLC
Chambersburg PA
CBHW071935160426
43198CB00011B/1415